Les me [...] es Weight Watchers

Depuis que Weight Watchers créé des livres de recettes, il en est qui traversent le temps et dont on parle encore bien après leur parution, comme si nos clientes se les recommandaient de bouche à oreille. C'est pourquoi, afin de toujours mieux vous satisfaire, Weight Watchers est heureux de vous présenter :

Les Meilleures Recettes Weight Watchers

Ce recueil est composé de plus de 100 recettes, toutes sélectionnées par la personne qui vous connaît le mieux : votre conseillère Weight Watchers !

Quelques recettes vedettes :

- sauce vinaigrette,
- caviar du pauvre,
- galets de pommes de terre au jambon,
- zarzuela,
- magrets de canard aux poires,
- aubergines de Monsieur Seguin,
- le « Parodien ».

Tous ces plats sont adaptés à votre programme et vous aideront par conséquent à suivre votre amincissement tout en restant fin gourmet !

Weight Watchers®

Toutes les saveurs de l'équilibre

Sommaire

Les bases et les petits-déjeune

Les entrées

Équivalences des cuillères Weight Watchers :

1/2 c. à café	*1 cuillère ww n° 1/2*
1 c. à café	*1 cuillère ww n° 1*
1 1/2 c. à café	*1 cuillère ww n° 1 1/2*
1 c. à soupe	*1 cuillère ww n° 3*

Les plats complets

Les poissons

Les viandes

Les légumes et accompagnements

Les desserts

les Bases et Petits-déjeuners

Crème pâtissière

Préparation : 10 minutes
Cuisson : 15 minutes
Pour 4 personnes

Dans une casserole antiadhésive, battre les œufs avec le sucre jusqu'à ce que le mélange blanchisse. Puis verser la farine en pluie, bien mélanger. Faire bouillir le lait avec la gousse de vanille. Le verser par petites quantités sur la préparation précédente. Faire épaissir sur feux doux au bain-marie sans cesser de tourner jusqu'au premier bouillon. Laisser refroidir.

Servir seule, parfumée à la liqueur, avec des fruits pochés ou en fond de tarte avant d'être garnie.

Ingrédients :

- 4 œufs
- 6 cc rases de sucre vanillé (ou édulcorant, au goût)
- 80 g de farine
- 50 cl de lait écrémé
- 1 gousse de vanille ouverte dans le sens de la longueur

Les portions pour 1 personne

2 (jaune)
1 1/2 (rouge)

Pâte à tarte

Préparation : 10 minutes

Pour 2 personnes

(Recette servant de base pour toutes les recettes de tartes salées ou sucrées).

Dans une terrine, verser la farine et ajouter le sel. Faire fondre la margarine dans un des moules, qui sera ainsi graissé. Prélever un peu de margarine fondue pour enduire le second moule. Verser le reste de margarine sur la farine et ajouter l'eau. Mélanger simplement et c'est tout !

Pour ne pas obtenir une pâte dure et sèche, il est impératif de ne pas la travailler ou la pétrir. Il est plus facile de l'étaler dans les moules avec les doigts.

Ingrédients :

- 40 g de farine
- 1 pincée de sel
- 4 cc rases de margarine
- 1 CS d'eau (plus ou moins, selon la qualité de la farine, la pâte devant être assez molle)
- 2 moules à tartelettes de 7 cm de diamètre pour le fond et 9 cm pour le dessus

Les portions pour 1 personne

2 1/2 ● dont 1 MG

Sauce vinaigrette

Préparation : 20 minutes

Cuisson : 5 minutes

Dans une casserole, faire chauffer l'eau, le sel et le poivre. Délayer la fécule de pomme de terre avec un peu d'eau, puis l'ajouter à la préparation. Porter à ébullition. Lorsque le mélange épaissit, retirer du feu et laisser refroidir en remuant de temps en temps.

Pendant ce temps, monter comme une mayonnaise la moutarde avec le vinaigre puis incorporer l'huile petit à petit. Lorsque le premier mélange est froid, l'incorporer au second.

Cette sauce vinaigrette se conserve un mois au réfrigérateur et peut s'aromatiser au moment de l'emploi (ail, persil, échalotes, fromage blanc, ciboulette, etc.).

Ingrédients pour 1 litre de sauce

- 75 cl d'eau
- 5 cc de fécule de pomme de terre ou maïzena
- 8 cc de moutarde
- 15 cl de vinaigre de vin
- 150 g d'huile végétale
- 2 cc de sel fin
- 1 cc de poivre

Les portions pour 1 personne (5 cc)

1 ● MG

Pickles « maison »

Préparation : 25 minutes
Cuisson : 5 minutes
Macération : 24 heures

Eplucher les carottes, les couper en bâtonnets. Laver le chou-fleur, l'égoutter. Eplucher les haricots verts, les laver. Eplucher les oignons. Blanchir tous les légumes 5 minutes dans de l'eau bouillante. Les égoutter, les essorer avec du papier absorbant. Mettre les légumes dans une terrine en terre. Verser dessus le vinaigre bouillant. Laisser macérer 24 heures.

Egoutter les légumes, les ranger dans un bocal, ou mieux dans 2 bocaux moyens, avec l'estragon, le poivre, les clous de girofle, les baies de genièvre. Refaire bouillir le vinaigre, y mélanger le sel et la moutarde. Verser sur les légumes par petites quantités afin de ne pas faire éclater le verre. Boucher, laisser macérer au moins 15 jours avant de consommer.
Délicieux dans les salades, avec des viandes, des poissons froids ou grillés.

Ingrédients :

Le choix des légumes est sans limite

- Petites carottes nouvelles
- 1 chou-fleur détaillé en petits bouquets
- 250 g de haricots verts très fins
- 5 petits oignons grelots
- Suffisamment de vinaigre de vin blanc pour couvrir les légumes
- 1 branche d'estragon
- Quelques grains de poivre et 2 clous de girofle
- Quelques baies de genièvre
- Sel
- 2 CS de moutarde douce (type Savora) par litre de vinaigre

Les portions pour 1 personne

Bananablé

Préparation : 5 minutes

Pour 1 personne

Dans une petite coupe, écraser la banane à la fourchette. Ajouter le jus de citron, les raisins secs, les germes de blé et le yaourt. Bien mélanger. Consommer aussitôt.

Ingrédients :

- 1/2 banane (100 g)
- Quelques gouttes de jus de citron
- 1 1/2 cc rase de raisins secs
- 15 g de germes de blé
- 1 yaourt nature à 0 % de MG

Les portions pour 1 personne

1 1/2

1

Amandine

Préparation : 15 minutes

Pour 1 personne

Préparer une crème anglaise avec le lait et le custard. Ajouter l'édulcorant selon le goût ainsi que quelques gouttes d'extrait d'amandes amères et les raisins secs. Verser cette préparation sur les 20 g d'amandine et remuer. Se déguste tiède ou froid.

Ingrédients :

- 30 g de céréales amandine
- 12,5 cl de lait écrémé
- 1 cc de custard
- Extrait d'amandes amères
- 20 g de raisins secs
- Edulcorant

Les portions pour 1 personne

1 🟢

1 1/2 🟠

1 ❤

Petits chaussons du matin

Préparation : 10 minutes
Cuisson : 20 à 25 minutes
Pour 1 personne

Faire chauffer le four th. 8 (260 °C). Etaler la pâte (voir recette page 9) pour obtenir un carré assez fin. Disposer au centre la poire, les noix, l'édulcorant, la cannelle. Relever les 4 coins de la pâte, les souder ensemble en humectant avec un peu d'eau. Souder chaque bord pour former un coussin. Faire cuire au four 20 à 25 minutes th. 6-7 (200 - 230 °C).

Note : certaines pâtes surgelées sont présentées en rouleaux rectangulaires, donc très pratiques à découper en carrés ou rectangles. Pour les pâtes que l'on trouve dans le commerce, comptabiliser 2 ● pour 40 g.

Ingrédients :

- Pâte à tarte page 9
- 100 g de poire coupée en morceaux
- 10 g de noix grillées et concassées
- Cannelle
- 1 cc d'édulcorant

Les portions pour 1 personne

●

3 1/2 ● dont 1 MG

Petits chaussons du matin

Faisselle aux corn-flakes

Préparation : 15 minutes

Pour 4 personnes

Mélanger la faisselle, le lait, le jus de citron et l'édulcorant. Ajouter la pomme râpée et les quartiers de mandarine. Mélanger. Incorporer les corn-flakes et servir de suite.

Ingrédients :

- 400 g de faisselle à 0 % de MG bien égouttée
- 12,5 cl de lait écrémé
- 4 cc de jus de citron
- 4 cc d'édulcorant
- 200 g de pommes râpées
- 4 mandarines coupées en quartiers
- 90 g de corn-flakes

Les portions pour 1 personne

● (vert)

1 1/2 ● (orange)

Pudding de flocons d'avoine aux raisins

Préparation : 15 minutes - Se prépare la veille

Cuisson : 30 minutes

Pour 2 personnes

Faire gonfler les flocons d'avoine dans le lait dilué, au minimum 1 heure avant la confection du pudding. Y ajouter les raisins secs lavés. Puis, mélanger dans la préparation les œufs battus, le miel et la vanille en poudre. Verser dans un moule antiadhésif. Faire cuire au four th. 6 (180 °C) 30 minutes environ. A consommer froid ou tiède.

Ingrédients :

- 40 g de lait écrémé en poudre dilué dans un verre d'eau tiède
- 30 g de flocons d'avoine
- 60 g de raisins secs sans pépins
- 2 œufs
- 2 cc rases de miel
- Vanille en poudre

Les portions pour 1 personne

1 1/2 (vert)
2 1/2 (jaune)
1 (rouge)

Toasts au gouda

Toasts au gouda

Préparation : 5 minutes
Cuisson : 5 minutes
Pour 2 personnes

Etaler la margarine sur le pain. Poser dessus la tranche de gouda. Passer rapidement sous le gril du four, en surveillant attentivement, le fromage devant être légèrement fondu.

Ingrédients :

- 2 tranches de pain de mie de 30 g chacune
- 2 cc rases de margarine
- 60 g de gouda en tranches fines

Les portions pour 1 personne

3 1/2 ◯ dont 1 MG

les Entrées

Caviar du pauvre

Préparation : 5 minutes

Cuisson : 30 minutes

Pour 4 personnes

Mettre les lentilles dans une jatte en Pyrex et les recouvrir avec 3 fois leur volume d'eau parfumée du bouillon-cube. Ajouter les échalotes ciselées, l'ail haché et le thym. Faire cuire à pleine puissance 25 minutes au four à micro-ondes. Vérifier la cuisson, remettre 5 minutes si elles sont trop fermes.

Les égoutter et les assaisonner encore chaudes, avec les yaourts battus avec la moutarde, du sel et du poivre. Mélanger avec la ciboulette ciselée et servir tiède ou froid.

Ingrédients :

- 160 g de lentilles vertes du Puy
- 2 échalotes
- 1 gousse d'ail
- 1 bouillon-cube
- 1 brin de thym frais
- 1 botte de ciboulette
- 2 CS de moutarde
- 2 yaourts nature
- Sel, poivre

Les portions pour 1 personne

1 1/2 ●

Flan de tomates au chèvre

Préparation : 10 minutes
Cuisson : 45 minutes
Pour 4 personnes

Laver les tomates et les couper en fines rondelles que vous disposerez dans un plat en Pyrex creux. Couper le fromage de chèvre en morceaux que l'on répartira dans le plat. Battre les œufs comme pour une omelette. Incorporer le lait peu à peu. Assaisonner de sel (pas trop si le chèvre est déjà très salé) et de poivre. Verser cette préparation dans le plat. Saupoudrer d'origan et mettre à cuire au four th. 6 (180 °C) pendant 30 à 45 minutes. Servir chaud, tiède ou froid.

Note : avec du pain complet, vous aurez un plat équilibré (25 g = 1/2 ●).

Ingrédients :

- 2 œufs
- 25 cl de lait écrémé
- 4 tomates
- 120 g de fromage de chèvre frais
- Origan
- Sel, poivre

Les portions pour 1 personne

2 ●
1 ●

Tartelettes Parmentier au fromage

Préparation : 20 minutes

Cuisson : 45 minutes

Pour 4 personnes

Préchauffer le four th. 6 (190 °C). Râper les pommes de terre. Couper le poivron vert en courts bâtonnets fins. Hacher l'échalote et l'oignon. Mélanger tous ces aliments avec les œufs, le fromage blanc, du poivre et saler généreusement. Enduire très légèrement tous les petits moules à tartelettes de margarine. Verser cette préparation dans les moules, sans les remplir complètement. Cuire dans le four chaud pendant 45 minutes environ. Démouler avant de servir. Présenter sur des feuilles de laitue.

Les proportions indiquées permettent d'obtenir 4 belles tartelettes rondes, mais selon la taille et la forme (ronde ou en barquette) des moules à tartelettes, vous pouvez en remplir de 4 à 8. Accompagner d'une bonne salade en entrée, ou éventuellement, d'un peu de viande, volaille ou poisson.

Ingrédients :

- 400 g de pommes de terre crues épluchées
- 4 œufs
- 200 g de fromage blanc à 20 % de MG
- 1/4 de poivron vert
- 1 échalote
- 1 oignon moyen
- 1 cc rase de margarine végétale
- 8 feuilles de laitue
- Sel, poivre

Les portions pour 1 personne

2 1/2 (orange)

1/2 (rouge)

Potage au poisson et à la crème

Préparation : 20 minutes

Cuisson : 30 minutes

Pour 4 personnes

Couper les carottes, l'oignon et le poivron en dés. Faire cuire dans 1/2 litre d'eau salée environ 20 minutes. Réduire en purée. Ajouter le poisson coupé en cubes dans le potage et laisser cuire environ 10 minutes. Assaisonner avec sel, poivre et aromates. Ajouter en dernier la crème fraîche.

Ingrédients :

- 800 g de carottes
- 2 gros oignons
- 2 poivrons rouges
- 560 g de filets de cabillaud cru
- 5 CS de crème fraîche allégée
- Sel, poivre, aromates

Les portions pour 1 personne

🟢

1 🟡

2 ❤

Taboulé libanais

Préparation : 15 minutes (30 minutes à l'avance)

Pour 4 personnes

Laver le boulgour à l'eau froide, bien l'égoutter dans une passoire. Le placer dans un plat creux. Y incorporer le persil et la menthe, lavés à l'eau froide, essorés et finement hachés, les oignons épluchés et hachés et les tomates coupées en dés. Saler, poivrer largement et arroser du jus de citron et de l'huile. Mélanger le tout délicatement et mettre au frais 30 minutes. Servir accompagné des feuilles d'un cœur de laitue ou de batavia. A l'origine, le taboulé était servi roulé dans des feuilles de salade.

Les Libanais de souche sont toujours très étonnés de voir les taboulés métropolitains, composés aux 3/4 de semoule et avec très peu de verdure, alors que la semoule, chez eux, ne doit être qu'un faible soutien pour les herbes, les oignons et les tomates. Si vous trouvez le taboulé trop sec, ajouter du coulis de tomates fraîches.

Note : ce plat est riche en protéines végétales, vitamines et sels minéraux.

Ingrédients :

- 240 g de boulgour fin (couscous)
- 10 cl de jus de citron fraîchement pressé
- 400 g de tomates juteuses
- 2 grosses bottes de persil plat
- 150 g d'oignons nouveaux
- 1 botte de menthe
- 8 cc d'huile d'olive
- 1 laitue ou une batavia
- Sel, poivre

Les portions pour 1 personne

🟢

3 1/2 🟡 dont 2 MG

Pain de thon

Préparation : 10 minutes

Cuisson : 10 minutes (micro-ondes) - 20 minutes (four traditionnel)

Pour 8 personnes

Mixer le thon bien égoutté. Dans un saladier, mélanger la purée de thon avec tous les autres ingrédients. Verser le tout dans un petit moule à cake ou une terrine en Pyrex ou en porcelaine. Couvrir avec un film plastique percé de quelques trous et mettre à cuire pendant 10 minutes au four à micro-ondes à pleine puissance (ou couvert de papier d'aluminium, durant 20 minutes dans un four traditionnel au bain-marie). Laisser reposer pendant 5 minutes.

Vérifier la cuisson avec une lame de couteau. Le centre doit être souple. S'il est trop liquide, remettre durant 2 minutes au micro-ondes. Laisser refroidir avant de mettre au frais au moins pendant 2 heures.

Facile et rapide à réaliser, ce pain de thon peut être préparé la veille. Il est parfait pour les buffets d'été, accompagné de sauces variées : tartare, mayonnaise, cocktail, etc.

Ingrédients :

- 480 g de thon au naturel
- 4 œufs
- 1 botte de persil plat haché
- 2 citrons
- 2 CS de câpres hachées
- 2 CS de moutarde
- 8 cc de concentré de tomate
- 8 cc de crème fraîche allégée

Les portions pour 1 personne

1 1/2 ●

1 ❤

Pain de thon

Crème de champignons

Préparation : 10 minutes

Cuisson : 30 minutes

Pour 4 personnes

Éplucher et laver soigneusement les champignons. Les hacher finement et les faire revenir dans une casserole avec les 4 cuillères à café de margarine pendant 5 minutes. Ajouter la farine. Bien mélanger. Mouiller avec le lait. Saler et poivrer. Cuire 30 minutes à feu doux (ou 5 minutes en autocuiseur). Mixer le potage. Ajouter la crème et rectifier l'assaisonnement. Servir.

Ingrédients :

- 200 g de champignons
- 4 cc de margarine
- 4 cc de farine
- 1 litre de lait écrémé
- 8 cc de crème fraîche allégée
- Sel, poivre

Les portions pour 1 personne

2 ● dont 1 MG

2 ❤

Tarte à l'oignon

Préparation : 10 minutes

Cuisson : 18 minutes (micro-ondes) - 50 minutes (four traditionnel)

Pour 4 personnes

Etaler finement la pâte de manière à couvrir un plat de 27 cm de diamètre préalablement graissé. Piquer la pâte avec une fourchette. Mettre un papier sulfurisé dessus et verser des légumes secs (genre pois chiches), ceci afin d'éviter que la pâte ne gonfle. Cuire 5 minutes au four à micro-ondes puissance maximum (15 minutes au four traditionnel). Laisser refroidir.

Faire revenir dans l'huile les oignons coupés en fines lamelles et saler.

Battre les œufs en omelette, saler, poivrer, ajouter la crème et bien mélanger. Recouvrir le fond de tarte avec les oignons. Verser le mélange œufs-crème. Cuire au four à micro-ondes 6 minutes puissance 7 puis 3 minutes puissance maximum (35 minutes environ au four traditionnel).

Ingrédients :

- 120 g de pâte brisée
- 400 g d'oignons
- 4 cc d'huile
- 16 cc de crème fraîche allégée
- 4 œufs
- Sel, poivre

Les portions pour 1 personne

3 1/2 ● dont 1 MG

2 ❤

Velouté au potiron

Velouté au potiron

Préparation : 10 minutes
Cuisson : 15 minutes
Pour 4 personnes

Eplucher et couper la courge en petits morceaux. Emincer les poireaux et les oignons. Faire revenir l'oignon avec les 2 cuillères à café de margarine dans l'autocuiseur puis ajouter les morceaux de courge et les poireaux. Verser dessus le litre d'eau. Saler, poivrer. Fermer la cocotte et laisser cuire environ 15 minutes. Passer au mixeur. Ajouter la crème et servir. Répartir le fromage râpé dans chaque assiette.

Ingrédients :

- 1,5 kg de potiron
- 100 g d'oignons
- 100 g de poireaux
- 2 cc de margarine
- 1 litre d'eau
- 8 cc de crème fraîche allégée
- 60 g de gruyère râpé
- Sel, poivre

Les portions pour 1 personne

●
1 ● dont 1/2 MG
1 ❤

Salade de semoule aux crevettes et aux pointes d'asperges

Préparation : 20 minutes

Cuisson : 30 minutes

Pour 2 personnes

Faire cuire la semoule dans de l'eau bouillante salée 15 minutes environ. Les grains doivent très bien se détacher. Egoutter et laisser refroidir. Eplucher les asperges et ne garder que les parties tendres. Les faire cuire dans de l'eau bouillante salée 15 minutes environ (5 minutes en autocuiseur). Les égoutter et les laisser refroidir, puis couper les pointes. Dans un saladier, préparer la vinaigrette. Y mélanger la semoule, les crevettes et délicatement les pointes d'asperges.

Ingrédients :

- 40 g de semoule ou de couscous
- 1 botte de petites asperges
- 3 cc de vinaigre de vin blanc
- 2 cc d'huile d'olive
- 90 g de crevettes décortiquées (fraîches de préférence, surgelées ou en conserve)
- Sel, poivre

Les portions pour 1 personne

2 ● dont 1 MG

Salade de semoule aux crevettes et aux pointes d'asperges

Salade composée verte et tendre

Préparation : 15 minutes

Pour 4 personnes

Eplucher et laver les salades, ne garder que les feuilles du cresson et des épinards. Bien essorer. Préparer la vinaigrette dans un saladier. Y mélanger les salades juste avant de servir.

Ingrédients :

- 1/2 botte de cresson
- 1 cœur de laitue
- 250 g de jeunes épinards
- 8 cc de vinaigre de vin
- 8 cc d'huile de noix
- Sel, poivre

Les portions pour 1 personne

2 ● MG

les Plats Complets

Pilaf d'agneau épicé

Préparation : 10 minutes

Cuisson : 15 minutes (micro-ondes) - 50 minutes (four traditionnel)

Pour 1 personne

Couper l'agneau cuit en gros dés. Déposer dans un plat moyen en verre à feu la margarine, le céleri et l'oignon hachés. Passer au four à micro-ondes pendant 5 minutes (10 minutes au four traditionnel) à température maximale. Ajouter dans le plat : le riz, l'eau, le bouillon de viande concentré, les raisins secs et les épices. Mélanger. Couvrir d'un film plastique alimentaire transparent. Cuire à température moyenne pendant 8 à 10 minutes (15 à 20 minutes au four traditionnel).
Incorporer les cubes d'agneau et laisser cuire, sans recouvrir, pendant 3 minutes supplémentaires (15 minutes au four traditionnel). Servir chaud.

Ingrédients :

- 60 g d'agneau cuit
- 1 cc rase de margarine végétale
- 2 CS de céleri-branche haché
- 1 oignon moyen
- 30 g de riz cru
- 2 dl d'eau
- 1/2 petit bouillon-cube de viande
- 3 cc rases de raisins secs
- 1 pincée de curry
- 1 pincée de cannelle
- 1 pincée de quatre-épices

Les portions pour 1 personne

3 1/2 ◯ dont 1 MG

Moussaka au tofu

Préparation : 15 minutes

Cuisson : 45 minutes

Pour 4 personnes

Eplucher les oignons. Laver les aubergines. Oter leurs extrémités. Les couper dans le sens de la longueur et les mettre dans le panier de l'autocuiseur. Faire cuire 5 minutes. Laver les tomates. Dresser dans un plat creux qui va au four des tranches d'aubergine cuites, de l'oignon émincé, des tranches fines de tomate, des cubes de tofu. Assaisonner de sel, de poivre et saupoudrer de marjolaine. Ecraser l'ail et l'ajouter.
Remplir le plat en alternant tous les ingrédients. Achever par des lanières d'aubergine. Mélanger le fromage blanc et le gruyère râpé et étaler cette préparation sur la moussaka. Saupoudrer de marjolaine et mettre au four th. 6-7 (180 °C/210 °C) pendant 35 minutes environ. Le dessus doit être bien gratiné.

Note : on peut faire cette recette au micro-ondes : dresser alors le plat et faire cuire 5 minutes. Ensuite, faire gratiner 10 minutes.

Ingrédients :

- 360 g de tofu
- 4 oignons
- 4 tomates
- 4 aubergines
- 1 gousse d'ail
- Marjolaine
- 90 g de gruyère râpé à 25 % de MG
- 200 g de fromage blanc à 20 % de MG
- Sel, poivre

Les portions pour 1 personne

●

2 ●

Gâteau de fromage et jambon

Préparation : 10 minutes

Cuisson : 11 minutes (micro-ondes) - 30 minutes (four traditionnel)

Pour 4 personnes

Battre les œufs en omelette avec la margarine fondue, ajouter le poivre, le paprika, les fines herbes, la moutarde. Mélanger. Ajouter le jambon, le gruyère, mélanger et ajouter la farine. Délayer avec le yaourt. Verser dans un moule légèrement graissé. Cuire au four à micro-ondes 8 minutes puissance 8. Laisser reposer 30 secondes. Répartir sur le gâteau le Beaufort coupé en lamelles et le jambon intercalé. Remettre à cuire 3 minutes puissance 10.

Note : cette délicieuse recette peut se préparer au four traditionnel. Compter alors 30 minutes de cuisson.

Ingrédients :

- 4 cc de margarine
- 2 œufs
- Poivre
- 1/2 cc de paprika
- 1 cc de mélange de fines herbes
- 1 CS de moutarde
- 60 g de jambon en dés
- 30 g de gruyère râpé allégé
- 80 g de farine
- 1 yaourt nature
- 30 g de Beaufort
- 1 tranche de jambon (60 g)

Les portions pour 1 personne

2 1/2 ○ dont 1 MG

Gâteau de fromage et jambon

Tofu piperade

Préparation : 15 minutes
Cuisson : 20 minutes
Pour 4 personnes

Laver les poivrons. Les fendre en 2 et ôter leurs pépins. Les couper en lamelles. Eplucher les oignons et les émincer. Les faire fondre dans une grande poêle anti-adhésive avec une pincée de sel. Ajouter les poivrons et laisser cuire 10 minutes. Eplucher l'ail et l'écraser dans la préparation.

Couper le tofu en cubes. L'ajouter et saupoudrer d'herbes de Provence. Casser les œufs et les battre en omelette dans un bol. Les ajouter alors dans la poêle et remuer avec une cuillère en bois. Rectifier l'assaisonnement et servir avant qu'ils ne soient complètement cuits (la cuisson va se poursuivre dans la poêle). Poivrer.

Ingrédients :

- 240 g de tofu
- 2 œufs
- 2 poivrons rouges
- 2 poivrons verts
- 2 oignons
- 1 gousse d'ail
- Herbes de Provence ou marjolaine
- Sel, poivre

Les portions pour 1 personne

● (vert)
1 ● (orange)

Poivrons rouges farcis au thon

Préparation : 15 minutes
Cuisson : 20 minutes
Pour 4 personnes

Préchauffer le four th. 7 (250 °C). A l'aide d'un petit couteau pointu, retirer le pédoncule et les graines des poivrons, avec précaution pour ne pas abîmer le chapeau. Préparer la farce. Effriter le pain rassis entre les doigts et le faire tremper dans le lait. Hacher l'ail, le persil et le basilic. Ecraser le thon égoutté avec une fourchette. Mélanger le tout avec l'œuf battu et l'huile. Incorporer le pain trempé. Saler légèrement et poivrer. Remplir les poivrons à l'aide d'une petite cuillère. Refermer avec les chapeaux et ranger les poivrons farcis côte à côte dans un plat à gratin. Faire cuire au four pendant 45 minutes.

Variante : ce plat sera aussi délicieux s'il est servi froid.

Le poivron « carré » est le meilleur, bien charnu, coloré et parfumé avec quatre lobes bien marqués. Plus il est rouge, plus il est doux. Les poivrons allongés sont moins savoureux. Veiller à bien retirer toutes les graines à l'intérieur.

Ingrédients :

- 4 poivrons rouges de 125 g chacun environ
- 80 g de pain rassis
- 1 boîte de thon entier (120 g)
- 25 cl de lait écrémé
- 1 œuf
- 4 brins de persil
- 4 feuilles de basilic frais
- 1 gousse d'ail
- 2 cc d'huile d'olive
- Sel, poivre

Les portions pour 1 personne

(vert)
2 (orange) dont 1/2 MG

Sauté de veau aux carottes

Sauté de veau aux carottes

Préparation : 25 minutes
Cuisson : 1 heure
Pour 2 personnes

Faire revenir les morceaux de veau dans une sauteuse avec l'huile. Saupoudrer de farine, mouiller avec le cube de bouillon et 1/4 de litre d'eau. Ajouter les carottes, les oignons émincés, le bouquet garni, le sel, le poivre. Faire cuire environ 1 heure à feu doux et à couvert. Si le jus est trop juste, rajouter un peu d'eau. Au moment de servir, ajouter la crème fraîche.

Ingrédients :

- 320 g de veau cru maigre en morceaux
- 2 cc d'huile
- 2 cc de farine
- 1 bouillon-cube de poulet (petit)
- 300 g de carottes
- 120 g d'oignons émincés
- Bouquet garni (thym, laurier, persil)
- 2 cc de crème fraîche allégée
- Sel, poivre

Les portions pour 1 personne

● ✓
3 ● dont 1 MG
2 ❤

Lentilles du Puy Bonne Maison

Préparation : 25 minutes

Cuisson : 2 heures 30 sans surveillance

Pour 6 personnes

La veille, ou mieux l'avant-veille, saler les viandes et les garder au frais jusqu'à utilisation. Mettre les lentilles dans une cocotte. Recouvrir d'eau froide et fermer. Amener à ébullition à feu vif. Ajouter le bouquet, l'os de la pointe de porc et l'ail en chemise (non pelé). Réduire l'intensité du feu.

Eplucher les carottes et les oignons. Découper les carottes en rondelles et les oignons en 4. Emincer la viande de porc en tranches. Laisser la cuisse de canard entière. Faire rissoler ces viandes ainsi que les légumes découpés, dans une poêle antiadhésive. Mettre les viandes de côté quand elles sont dorées (ce qui demande 10 minutes). Ajouter les légumes aux lentilles. Délayer les sucs de cuisson à la poêle avec une louche de bouillon de cuisson des lentilles et reverser le tout dans la cocotte. Ajouter enfin le bouillon en tablette et fermer. Laisser mijoter 1 heures à toute petite ébullition. Ajouter les viandes et le jus qu'elles ont rendu. Poivrer et laisser cuire encore 1 heure. Rectifier l'assaisonnement avant de servir.

Ce plat est encore meilleur réchauffé (on peut donc le préparer à l'avance).

On peut, en prévision, mettre de côté le jus de cuisson dégraissé d'un poulet rôti et l'ajouter une demi-heure avant de servir.

Ingrédients :

- 360 g de lentilles vertes
- 420 g de pointe de porc avec l'os (dégraissé)
- 210 g de cuisse de canard dégraissée
- 200 g de carottes
- 160 g d'oignons
- 10 g d'ail
- 1 grosse tablette de bouillon de volaille
- 1 bouquet garni
- 1 forte pincée de poivre
- 1 litre d'eau
- Sel

Les portions pour 1 personne

3 ●

Galets de pommes de terre au jambon

Préparation : 25 minutes

Cuisson : 5 minutes

Pour 4 personnes

Mélanger la purée de pommes de terre avec la farine et 2 œufs battus. Saler. Ajouter le jambon et le persil. Former 8 pavés. Battre les 2 œufs restants avec l'eau minérale. Passer les pavés dans ce mélange, puis dans la chapelure. Dorer les pavés dans une poêle antiadhésive ou recouverte d'une feuille de cuisson. Servir avec une salade mixte.

Ingrédients :

- 480 g de pommes de terre en purée
- 120 g de farine
- 4 œufs battus
- 120 g de jambon haché
- Persil haché
- 4 CS d'eau minérale
- 3 CS de chapelure
- Sel

Les portions pour 1 personne

3 1/2

Courgettes farcies

Préparation : 5 minutes
Cuisson : 35 minutes
Pour 4 personnes

Préchauffer le four th. 6 (200 °C). Laver les courgettes, les couper en tronçons de 5 à 6 cm. Avec une cuillère, les évider sans les percer, les mettre dans un plat allant au four. Les cuire au four 10 minutes. Préparer la farce. A la viande, ajouter l'oignon et l'ail hachés, l'œuf, le sel et le poivre. Margariner un plat, y déposer les courgettes debout, les farcir avec la préparation. Mettre à cuire 20 minutes. Ajouter les tomates coupées en quartiers épais et remettre 5 minutes à chauffer.

Ingrédients :

- 4 courgettes moyennes
- 4 tomates
- 220 g de steak haché (5 % de MG) cru
- 1 œuf
- 1 oignon, 1 gousse d'ail
- 1 1/2 cc de margarine allégée
- Sel, poivre

Les portions pour 1 personne

1

Courgettes farcies

Chili con carne

Préparation : 10 minutes

Cuisson : 1 heure 10

Pour 4 personnes

Dans une sauteuse, faire dorer les oignons dans l'huile à feu vif. Les retirer et faire roussir la viande à leur place. Recouvrir de 20 cl de bouillon et ajouter les haricots, les épices et les aromates. Porter à ébullition, baisser le feu, couvrir et laisser frémir pendant 1 heure. Servir brûlant.

Ingrédients :

- 240 g de joue de bœuf
- 240 g de macreuse coupée en morceaux
- 400 g de haricots rouges cuits
- 200 g d'oignons
- 2 cc d'huile
- 2 gousses d'ail
- 1 pincée de chili en poudre
- 2 bouillon-cubes de bœuf
- 1 pincée de cannelle
- 1 CS de persil haché
- Sel, poivre

Les portions pour 1 personne

4 1/2 ● dont 1/2 MG

Chili con carne

Feijoada

Préparation : 15 minutes - Trempage : 30 minutes

Cuisson : 35 minutes

Pour 4 personnes

Faire tremper les haricots rouges pendant 30 minutes. Eplucher l'oignon et l'ail. Emincer l'oignon. Laver la carotte mais ne pas l'éplucher. Dans une cocotte-pression, mettre les haricots rouges, la carotte, l'oignon et l'ail. Ajouter le bouquet garni. Couvrir juste d'eau et fermer la cocotte. Faire cuire 20 minutes. Couper les tomates en quartiers et la viande en 4 parts. Les ajouter à la cocotte et laisser cuire à nouveau 15 minutes à découvert. Rectifier l'assaisonnement et servir.

Note : réchauffé, ce plat n'en sera que meilleur.

Ingrédients :

- 200 g de haricots rouges secs
- 400 g de tomates
- 1 gros oignon
- 240 g de filet de porc
- 240 g de bacon
- 1 pointe d'ail
- 1 carotte
- 1 bouquet garni (persil, thym, laurier, clou de girofle)
- Sel, poivre

Les portions pour 1 personne

3

Potée d'agneau

Préparation : 5 minutes
Cuisson : 1 heure 30
Pour 4 personnes

Disposer les légumes et la viande dans une cocotte, ajouter l'oignon. Verser le bouillon afin qu'il recouvre les ingrédients. Mettre au four, à couvert, th. 5 (180 °C) ou cuire dans une sauteuse à feu doux pendant 1 heure. Ajouter les pommes de terre et continuer la cuisson environ 1/2 heure. Saupoudrer de persil et servir.

Ingrédients :

- 400 g de chou frisé coupé en morceaux (ôter la partie centrale)
- 400 g de carottes en rondelles
- 200 g de poireau en rondelles de 2 à 3 cm
- 1 oignon haché grossièrement
- 650 g d'agneau coupé en morceaux
- 1 litre de bouillon-cube (2 gros)
- 480 g de pommes de terre coupées en dés
- 2 CS de persil haché
- Sel, poivre, marjolaine, thym

Les portions pour 1 personne

4

Tajine de poulet aux courgettes

Tajine de poulet aux courgettes

Préparation : 30 minutes

Cuisson : 1 heure 30

Pour 4 personnes

Retirer la peau des morceaux de poulet. Hacher finement les oignons. Verser l'huile et 1/4 de litre d'eau dans une cocotte de 4 litres. Ajouter les oignons, le cumin, le gingembre, du sel et du poivre. Mélanger puis ajouter les morceaux de poulet et mélanger encore. Poser la cocotte sur feu modéré et dès l'ébullition, couvrir et laisser cuire 1 heure à feu doux.

Pendant ce temps, laver les courgettes et en retirer les deux extrémités. Couper les courgettes en quatre dans la longueur puis en tronçons de 5 cm de long. Au bout d'une heure de cuisson, ajouter les courgettes dans la cocotte et laisser cuire encore 30 minutes. Laver le citron et l'essuyer. Râper son zeste au-dessus d'un bol. Couper le citron en deux et le presser. Ajouter 2 cuillères à soupe de jus dans le bol. Au bout de 1 heure 30 de cuisson, retirer le poulet et les courgettes de la cocotte. Ajouter jus et zeste de citron et coriandre ciselée. Laisser réduire le jus sur feu vif, jusqu'à ce qu'il soit sirupeux puis remettre poulet et courgette dans la cocotte. Mélanger et servir aussitôt.

Ingrédients :

- 1 poulet de 1,2 kg vidé, coupé en douze morceaux
- 500 g de petites courgettes
- 240 g d'oignons pelés
- 1 cc de cumin en poudre
- 1/2 cc de gingembre en poudre
- 3 CS de coriandre ciselée
- 1 citron non traité
- 2 cc d'huile d'olive
- Sel, poivre

Les portions pour 1 personne

1 (vert)

2 (orange) dont 1/2 MG

Spaghettis aux crevettes à la napolitaine

Préparation : 20 minutes

Cuisson : 30 minutes

Pour 4 personnes

Hacher l'oignon et les gousses d'ail. Trancher finement les champignons de Paris. Dans une large poêle, mettre à chauffer 2 cuillères à café d'huile. Ajouter la moitié de l'oignon et de l'ail ; les faire sauter pendant environ 2 minutes. Incorporer les anchois coupés en morceaux, puis les crevettes décortiquées. Mélanger à feu vif quelques instants, jusqu'à ce que les crevettes aient pris couleur. Verser ce mélange dans un petit saladier et tenir en attente. Dans la même poêle, remettre 2 cuillères à café d'huile, puis le reste de l'oignon et de l'ail hachés. Lorsqu'ils sont revenus, ajouter les tomates coupées en gros dés, puis les champignons tranchés, les câpres, l'origan et le poivre de Cayenne. Laisser cuire, à découvert, à feu moyen, pendant une quinzaine de minutes, en remuant de temps à autre.

Pendant ce temps, cuire les spaghettis à l'eau bouillante salée. Surveiller la cuisson ; l'arrêter dès que les spaghettis sont « al dente ». Egoutter. Ajouter dans la poêle le mélange de crevettes, mis de côté, ainsi que le basilic haché. Vérifier l'assaisonnement. Incorporer ce mélange aux spaghettis très chauds. Verser dans un plat de service chaud : servir aussitôt.

Ingrédients :

- 260 g de spaghettis crus
- 1 gros oignon
- 4 gousses d'ail
- 200 g de champignons de Paris
- 4 cc d'huile d'olive
- 30 g de filets d'anchois dessalés
- 270 g de crevettes décortiquées
- 2 CS de câpres égouttés
- 400 g de tomates pelées, en conserve, égouttées
- 3 pincées d'origan (marjolaine séchée)
- 2 pincées de poivre de Cayenne
- 2 CS de basilic frais haché
- Sel

En raison des anchois, qui entrent dans la composition de ce plat, il est prudent de n'ajouter le sel qu'au dernier moment.

Les portions pour 1 personne

🟢

2 1/2 🟡 dont 1 MG

1 🔴

les Poissons

Truite au gros sel

Préparation : 5 minutes
Cuisson : 12 minutes
Pour 4 personnes

Vider, laver et éponger les truites. Dans une grande assiette, mélanger le sel, le poivre et le thym et rouler les poissons dans la préparation, en appuyant légèrement. Mettre les truites sur la grille de la lèchefrite et les passer sous le gril du four 12 à 15 minutes environ, en les retournant à mi-cuisson. La peau doit devenir croustillante et dorée. Séparer les truites en deux et les servir sur des assiettes chaudes, arrosées du jus des citrons mélangé à l'huile d'olive.

Ingrédients :

- 2 truites de 560 g chacune
- 6 CS de gros sel marin
- 2 CS de thym frais émietté
- 1/2 cc de poivre fraîchement moulu
- 2 citrons
- 2 cc d'huile d'olive

Les portions pour 1 personne

2 1/2 ● dont 1/2 MG

Filet de merlan au jambon fumé

Préparation : 15 minutes

Cuisson : 20 minutes

Pour 4 personnes

Fariner les filets de merlan et les faire cuire dans une poêle antiadhésive dans laquelle on aura fait fondre la margarine. Poivrer et saler légèrement après 5 minutes de cuisson de chaque côté. Retirer les filets de la poêle. Découper le jambon en dés et les faire dorer sans cesser de remuer pendant 5 minutes. Ajouter les tomates hachées en petits morceaux puis la crème. Faire cuire à plein feu durant 5 minutes. Les morceaux de tomate ne doivent pas être complètement fondus. Ajouter le madère. Remettre les filets de merlan dans la poêle pendant 2 minutes. Les servir saupoudrés de persil haché.

Note : cette recette peut se faire avec des filets de rascasse, de lieu ou de cabillaud.

Le madère utilisé en cuisine est plutôt doux, de couleur brun-roux. Son goût délicat de brûlé s'accorde très bien avec celui du jambon fumé. Saler peu les filets de merlan car le jambon l'est déjà.

Ingrédients :

- 560 g de filets de merlan cru
- 150 g de tomates épépinées
- 60 g de jambon fumé
- 5 CS de crème fraîche
- 40 g de farine
- 2 cc de margarine
- 2 cc de madère
- 1 cc de persil haché
- Sel, poivre

Les portions pour 1 personne

2 ● dont 1/2 MG

2 ❤

Raie au vinaigre de framboises

Préparation : 4 minutes
Cuisson : 15 minutes
Pour 6 personnes

Dans un plat allant au four, disposer les morceaux de raie côte à côte. Verser le vinaigre de framboises et assaisonner de sel et de poivre. Allumer le four th. 7 (210 °C) et enfourner pour 15 minutes. Verser le fromage blanc à la fin de la cuisson et lier la sauce. Refaire chauffer légèrement si besoin est. Décorer de framboises fraîches et servir.

Note : accompagner ce plat de chou-fleur ou de brocolis cuits à la vapeur, et de pommes de terre (à comptabiliser).

Ingrédients :

- 6 portions de raie de 140 g environ (120 g sans arête)
- 100 g de fromage blanc à 0 % de MG
- 10 cl de vinaigre de framboises
- 1 barquette de framboises fraîches ou surgelées
- Sel, poivre

Les portions pour 1 personne

1 ◯ (orange)
1/2 ◯ (rouge)

Raie au vinaigre de fram-

Filet de merlan sauce flamande

Préparation : 5 minutes

Cuisson : 7 minutes 30 (micro-ondes)

Pour 4 personnes

Délayer le fumet de poisson dans 40 cl d'eau. Dans un plat allant au four à micro-ondes, verser le fumet, y déposer le poisson et cuire 5 minutes à couvert position maximum. Dans un bol, mélanger la farine avec le fumet de poisson de la cuisson, la crème fraîche et la moutarde. Saler, poivrer, faire cuire 1 minute 30 position maximum. Napper de cette sauce le poisson et passer à nouveau au four 1 minute.

Ingrédients :

- 840 g de filet de merlan
- 8 cc de fumet de poisson
- 4 cc de farine
- 8 cc de crème fraîche allégée
- 2 CS de moutarde

Les portions pour 1 personne

1 1/2 ●
1/2 ●
2 ❤

Clafoutis de la mer

Préparation : 20 minutes

Cuisson : 20 minutes (micro-ondes) - 40 minutes (four traditionnel)

Pour 4 personnes

Mélanger la farine, les œufs, la crème. Saler, râper la noix de muscade, battre avec le lait. Ajouter les fruits de mer et l'ail pilé. Verser dans un plat légèrement graissé. Cuire 10 minutes au four à micro-ondes puissance maximum (ou 25 minutes th. 6 (200 °C) au four traditionnel). Saupoudrer de gruyère et cuire encore 10 minutes environ (ou 15 minutes au four traditionnel).

Ingrédients :

- 540 g de cocktail de fruits de mer (pétoncles, moules, crevettes...)
- 2 œufs
- 2 gousses d'ail
- 50 cl de lait écrémé
- 20 g de farine
- 4 cc de crème fraîche
- 45 g de gruyère râpé allégé
- Sel, poivre, noix de muscade

Les portions pour 1 personne

2 1/2 (orange)

1/2 (rouge)

Zarzuela

Zarzuela

Préparation : 15 minutes
Cuisson : 30 minutes
Pour 6 personnes

Laver les moules et les coques. Eplucher l'oignon et l'ail. Les hacher et les mettre à suer dans une grande poêle antiadhésive. Oter le byssus des moules. Laver et épépiner les poivrons. Les couper en lanières et les ajouter dans la poêle. Assaisonner de sel et de poivre. Ajouter le riz et le laisser dorer 5 minutes. Mouiller avec le vin blanc et 2 verres d'eau. Laisser cuire à couvert 15 minutes. Laver les tomates. Les couper en quartiers et les ajouter dans la poêle : laisser cuire sans couvercle. Ajouter le safran ainsi que les amandes. Ajouter le poisson et les moules et couvrir. Laisser cuire 10 minutes. Rectifier l'assaisonnement et servir avec le citron coupé en 2.

Ingrédients :

- 1,5 kg de moules
- 1,5 kg de coques fraîches
- 280 g de poissons à chair blanche (lieu noir par exemple)
- 1 gousse d'ail
- 1 oignon
- 2 poivrons verts
- 1 dose de safran
- 1 citron
- 4 tomates
- 14 amandes mondées
- 12,5 cl de vin blanc sec
- 240 g de riz complet
- Sel, poivre en grains

Les portions pour 1 personne

4 ●

Encornets farcis côte basque

Préparation : 25 minutes
Cuisson : 40 minutes
Pour 4 personnes

Faire bouillir les œufs 10 minutes dans une petite casserole d'eau. Pendant cette cuisson, préparer les encornets. Séparer les poches des têtes en tirant sur les tentacules. Vider les poches sans les ouvrir et les rincer. Enlever la peau rose tachetée. Au milieu des tentacules se trouve un bec dur (comme un bec de perroquet). Enlever ce bec et couper les tentacules au ras des yeux. Eplucher l'oignon et l'ail et les hacher avec les tentacules. Faire cuire ce hachis 5 minutes dans une poêle avec 1/2 cuillère à café d'huile d'olive. Rafraîchir les œufs et les écaler. Les mixer et les mélanger au hachis. Ajouter le vin. Saler et poivrer. Remplir chaque poche d'encornet avec la farce. La fermer avec une pique en bois. Mettre une cuillère à café et demie d'huile d'olive dans la cocotte. Faire dorer les encornets 2 minutes. Fermer la cocotte et laisser cuire à feu doux pendant 25 minutes. On ne met pas de liquide car les encornets vont en rejeter pendant la cuisson. Ce plat est encore meilleur réchauffé.

Ingrédients :

- 500 g d'encornets (calamars)
- 30 g d'oignons
- 10 g d'ail
- 8 cc de vin rouge
- 2 œufs
- 2 cc d'huile d'olive
- 2 brins de persil
- Sel, poivre

Les portions pour 1 personne

2 ● dont 1/2 MG

Tajine de Saint-Jacques et de soles

Préparation : 20 minutes

Cuisson : 25 minutes

Pour 4 personnes

Faire cuire les légumes en premier. Peler les carottes et les découper en lamelles, puis en petits rectangles. Découper les courgettes sans les peler dans le sens de la longueur, puis les détailler en cubes. Hacher l'ail et l'oignon. Mettre l'huile à chauffer dans un autocuiseur et faire roussir ce hachis. Remuer pendant toute l'opération pour que ça ne brûle pas. Ajouter les carottes et saupoudrer de cumin. Verser 25 cl d'eau. Laisser cuire sans mettre la soupape pendant 10 minutes. Ajouter alors les courgettes et les haricots verts. Aromatiser avec la muscade et la cardamome. Fermer le couvercle et laisser cuire pendant 5 minutes à partir de la rotation de la soupape. Pendant ce temps, préchauffer le four th. 8-9 (260 °C). Ouvrir la cocotte et sortir les légumes. Les mettre dans un tajine, à défaut un plat en terre, que l'on recouvre d'un papier d'aluminium. Poser les noix de Saint-Jacques et les filets de soles découpés en morceaux sur les légumes. Saler et poivrer. Laisser cuire durant 7 minutes à l'étouffée. Parsemer de coriandre hachée et servir dans le plat.

Ingrédients :

- 550 g de noix de coquilles Saint-Jacques
- 560 g de filets de soles
- 150 g de carottes
- 200 g de petites courgettes
- 150 g de haricots verts
- 160 g d'oignons rouges
- 2 cc d'huile d'olive
- 1/2 cc de cumin
- 2 grains de cardamome
- 1 forte pincée de muscade râpée
- 1 gousse d'ail
- 3 brins de coriandre
- Sel, poivre

Le tajine est un récipient en terre marocain composé d'un plat et d'un couvercle de forme conique. Il permet de cuire à l'étouffée, en concentrant les saveurs : l'agneau, le bœuf ou le poisson, avec des légumes.

Les portions pour 1 personne

3 dont 1/2 MG

Crevettes sautées au curry

Préparation : 15 minutes
Cuisson : 40 minutes
Pour 4 personnes

Eplucher la pomme, l'oignon et l'ail. Peler les tomates, enlever les pépins et l'eau de végétation. Mixer séparément l'oignon, la pomme et la tomate. Hacher l'ail. Faire chauffer 1 cuillère à café d'huile dans une cocotte. Laisser dorer les crevettes 5 minutes à feu vif dans cette huile. Les poivrer et les enlever. Remettre 1 cuillère à café d'huile et faire dorer l'oignon. Ajouter l'ail 5 minutes après et la pomme mixée. Laisser cuire 5 minutes, puis ajouter la purée de tomate. Saler légèrement. Parfumer la sauce avec les graines de cardamome enlevées de leurs gousses, 2,5 cuillères à café de curry, la cannelle, la muscade, le lait de coco. Ajouter 1 cuillère à café de jus de citron et l'eau. Laisser cuire à découvert et à petite ébullition pendant 25 minutes. Remettre les crevettes dans la sauce 5 minutes. Au moment de servir, ajouter une demi-cuillère à café de curry et 1 cuillère à café de jus de citron. La consistance de la sauce doit être celle d'une purée, la couleur brun chaud.

Servir ce plat avec du riz (voir la recette « riz parfumé »).

Cette recette peut être appliquée à n'importe quel type de curry.

Ingrédients :

- 540 g de crevettes roses
- 240 g de tomates mûres
- 120 g d'oignons
- 200 g de reinettes du Canada
- 5 g d'ail
- 20 cl de lait de coco (ou 1 CS de noix de coco râpée)
- 2 cc d'huile d'olive
- 2 cc de jus de citron
- 3 cc de curry en poudre
- 2 dl d'eau
- 1 pincée de cannelle
- 1 gousse de cardamome
- 1 pincée de muscade râpée
- Sel, poivre

Les portions pour 1 personne

1 dont 1/2 MG
1

Crevettes sautées au curry

Brandade de morue

Préparation : 15 minutes
Cuisson : 10 minutes
Pour 4 personnes

La veille, faire dessaler la morue dans un récipient rempli d'eau. Changer cette eau plusieurs fois. Faire bouillir les œufs 10 minutes dans une petite casserole. Egoutter la morue et la découper en cubes. La mixer avec le lait et la moitié de l'ail cru. Mettre cette purée dans une petite casserole. Remuer à l'aide d'une cuillère de bois, jusqu'à ce que la brandade soit chaude (5 minutes environ). Ne pas faire bouillir. Incorporer les pommes de terre en flocons. Laisser 2 minutes hors du feu. Remettre 1 minute sur le feu. Ajouter la crème et le restant d'ail cru. Poivrer et mélanger la cuillère à café d'huile d'olive. Ecaler les œufs et les découper en rondelles. Présenter la brandade en forme de dôme sur un plat. Entourer de rondelles d'œuf dur. Parsemer de persil haché.

Ingrédients :

- 360 g de morue séchée ou de filet de morue en sachet
- 160 g de lait concentré demi-écrémé (non sucré)
- 4 œufs
- 30 g de flocons de pommes de terre
- 8 cc de crème fraîche allégée
- 1 cc d'huile d'olive
- 5 g d'ail
- 5 g de persil
- Poivre

Les portions pour 1 personne

3 ○
1 ❤

Filet de cabillaud à la sauce moutarde

Préparation : 15 minutes

Cuisson : 15 minutes

Pour 4 personnes

Assaisonner le poisson avec le jus de citron, le sel et le poivre. Chauffer le vin avec l'oignon coupé grossièrement et les épices. Ajouter le poisson et cuire environ 10 minutes à couvert. Retirer le poisson et le garder au chaud. Réduire le court-bouillon. Ajouter la moutarde et la crème. Disposer le poisson sur un plat et l'arroser avec la sauce.

Ingrédients :

- 560 g de filet de cabillaud
- Jus de citron
- 25 cl de vin blanc
- 1 gros oignon
- 2 feuilles de laurier
- 2 clous de girofle
- 4 CS de moutarde avec grains (ancienne)
- 8 cc de crème fraîche allégée
- Sel, poivre

Les portions pour 1 personne

1 ●

1 ❤

Saumon fumé aux chips vapeur

Saumon fumé aux chips vapeur

Préparation : 15 minutes

Cuisson : 10 minutes

Pour 2 personnes

Couper les pommes de terre en très fines tranches dans un robot muni de la râpe à pommes chips. Les rincer et les faire cuire à la vapeur 10 minutes environ en les poudrant très légèrement de sel. Pendant que les pommes de terre cuisent, préparer la sauce : verser le yaourt et la crème dans un bol, saler et poivrer. Fouetter avec une fourchette. Peler les échalotes et les hacher finement. Les ajouter dans le bol avec l'aneth. Disposer dans deux assiettes plates une couche de pommes de terre et les couvrir de tranches de saumon. Napper de sauce et servir aussitôt.

Ingrédients :

- 180 g de saumon fumé finement tranché
- 400 g de petites pommes de terre à chair ferme, pesées pelées : roseval ou BF15
- 1 yaourt velouté
- 4 cc de crème fraîche épaisse allégée
- 1 CS d'aneth ciselée
- 2 échalotes nouvelles
- Sel, poivre

Les portions pour 1 personne

4 1/2 ○

1 ❤

Choucroute au poisson

Préparation : 25 minutes
Cuisson : 1 heure 15
Pour 4 personnes

Laver la choucroute à plusieurs eaux, l'essorer soigneusement. Faire chauffer la margarine et y faire fondre les oignons hachés en remuant pour éviter qu'ils n'attachent. Faire une infusion des aromates en les mettant dans 15 cl d'eau bouillante et en les laissant bouillonner pendant 10 minutes à couvert. Passer au chinois et réserver. Ajouter la choucroute bien essorée à la fondue d'oignons. Arroser avec l'infusion. Ajouter le vin blanc. Saler, poivrer et laisser cuire à feu moyen et à couvert pendant une heure en remuant régulièrement. La choucroute doit rester légèrement croquante.

Pocher la lotte et les filets de julienne durant 10 minutes dans le fumet de poisson dilué avec 50 cl d'eau. Plonger les filets de haddock dans le lait froid et faire cuire pendant 5 minutes à partir du frémissement. Ouvrir les moules à la vapeur.

Prendre le liquide de cuisson des poissons, faire réduire jusqu'à obtention de 25 cl de liquide. Ajouter la crème, le safran, l'échalote hachée menu. Fouetter. Rectifier l'assaisonnement.

Dresser la choucroute en dôme sur un plat chaud. Disposer les poissons et les moules et napper les poissons de la sauce.

Toutes les choucroutes doivent impérativement être dégustées chaudes. Prévoir un chauffe-plat et chauffer également les assiettes.

Ingrédients :

- 800 g de choucroute crue
- 140 g de filets de julienne
- 140 g de filets de haddock
- 140 g de lotte
- 8 moules d'Espagne
- 12,5 cl de vin blanc sec
- 25 cl de lait écrémé
- 2 cc de fumet de poisson
- 4 cc de margarine
- 2 oignons
- Aromates : quelques grains de coriandre, de genièvre, de carvi, du thym, du laurier, de la muscade
- 2 gousses d'ail
- 1 échalote
- 16 cc de crème fraîche allégée
- 1 capsule de safran
- Sel, poivre

Les portions pour 1 personne

2 dont 1 MG
1

Choucroute au poisson

Délice de haddock au fenouil

Préparation : 20 minutes

Cuisson : 30 minutes

Pour 4 personnes

Mettre le haddock dans une casserole le contenant juste. Recouvrir de lait froid. Porter doucement à ébullition. Laisser cuire une dizaine de minutes. Eplucher tous les légumes. Couper le fenouil et les carottes en petits dés. Les plonger dans de l'eau bouillante salée, pendant 10 minutes. Préchauffer le grilloir du four.

Emincer l'oignon et l'échalote. Les faire rissoler avec l'huile dans une poêle, à feu doux ; y ajouter les dés de fenouil et de carottes bien égouttés. Mélanger quelques instants et verser dans un plat à four.

Séparer le haddock en 4 parts et les disposer, au sein des légumes, dans le plat à four.

Reporter la poêle sur feu vif, en y versant le vin blanc et 1 dl de lait de cuisson du haddock. Faire bouillir 3 minutes. Ajouter la crème fraîche et du poivre du moulin. Verser sur les légumes et le poisson. Parsemer de chapelure.

Faire gratiner dans le four. Servir dans le plat de cuisson.

Ingrédients :

- 480 g de haddock en filet
- 50 cl de lait écrémé
- 2 petits bulbes de fenouil ou 1 moyen
- 2 carottes
- 1 oignon moyen
- 1 échalote
- 2 cc d'huile végétale
- 4 cc de vin blanc
- 8 cc rases de crème fraîche allégée
- 4 cc rases de chapelure
- Sel, poivre du moulin

Les portions pour 1 personne

2 ● dont 1/2 MG

2 ❤

Filet de lingue au cresson

Préparation : 20 minutes
Cuisson : 30 minutes
Pour 4 personnes

Préchauffer le four th. 6-7 (210 °C). Saler et poivrer les filets de poisson. Les entortiller chacun dans une papillote de papier aluminium ménager. Cuire à four chaud pendant 15 minutes. Détacher toutes les feuilles de cresson. Les laver soigneusement. Dans une cocotte, faire chauffer 2 cuillères à café de margarine. Ajouter les feuilles de cresson. Laisser fondre sur feu doux en mélangeant, jusqu'à ce que toute l'eau de constitution soit évaporée. Saler, poivrer.
Prélever le quart environ de ce cresson fondu et le déposer dans le bol du mixeur avec le reste de margarine et le jus de citron. Mettre à réchauffer doucement. Napper les filets de lingue cuits de cette sauce verte. Entourer de cresson étuvé. Servir chaud.

Des pommes de terre cuites à la vapeur peuvent accompagner ce plat délicat.
La chair de lingue (poisson appelé « lotte de mer ou morue longue ») est assez fine. Son prix, par rapport aux autres poissons est plutôt modéré. Toutefois d'autres filets de poisson, comme les filets de cabillaud ou de julienne, par exemple, peuvent lui être substitués dans cette recette.

Ingrédients :

- 560 g de filets de lingue, frais ou surgelés, divisés en 4 parts
- 2 bottes de cresson
- Le jus d'1/2 citron
- 4 cc rases des margarine végétale
- Sel, poivre du moulin

Les portions pour 1 personne

2 ● dont 1 MG

Moules sauce poulette

Moules sauce poulette

Préparation : 15 minutes

Cuisson : 20 minutes

Pour 2 personnes

Hacher l'échalote, la mettre dans une cocotte avec le vin blanc, saler, poivrer. Porter à ébullition. Ajouter les moules. Remuer en cours de cuisson. Une fois qu'elles sont cuites, retirer les moules. Passer le jus au chinois, ajouter 1 jaune d'œuf, battre. Mélanger 1 cuillère à café de maïzena au jus du citron, verser dans la sauce et verser le tout sur les moules. Remuer. Remettre à chauffer quelques minutes.

Ingrédients :

- 1 kg de moules (360 g décortiquées)
- 1 échalote
- 12,5 cl de vin blanc
- 1 jaune d'œuf
- 2 cc de maïzena
- 1/2 citron
- Sel, poivre

Les portions pour 1 personne

2 1/2 ●

1 ❤

Filet de sole pané au persil simple, carottes fondantes

Préparation : 50 minutes
Cuisson : 9 minutes
Pour 4 personnes

Faire lever les filets de sole par le poissonnier. Faire 3 ou 4 incisions avec un couteau pointu sur les filets de sole pour éviter qu'ils ne se rétractent à la cuisson. Les passer dans un mélange œuf, huile, sel, poivre, puis dans un mélange de chapelure-persil. Appuyer sur les filets pour que la chapelure adhère bien de chaque côté. Réserver. Eplucher les carottes, les tailler en bâtonnets d'environ 5 mm de large et 3 cm de long. Faire cuire 5 minutes à l'eau bouillante, égoutter, réserver. Dans une sauteuse, faire fondre une cuillère de margarine, y faire revenir les carottes sans leur laisser prendre de couleur. Couvrir d'eau, saler, sucrer, cuire à découvert jusqu'à évaporation pour obtenir des carottes bien brillantes. Cuire les filets de sole « meunière » avec le reste de la margarine. Sur le plat de service, dresser les carottes et les filets de sole. Parsemer de persil.

Note : c'est une façon plus originale de cuire « meunière » les filets de soles. On peut ajouter 1 filet de citron.

Ingrédients :

- 4 soles de 220 g chacune
- 1 œuf
- 2 cc d'huile d'olive
- 30 g de chapelure
- 1/2 bouquet de persil simple haché
- 1 kg de carottes
- 4 cc de margarine végétale
- 1 cc de sucre
- Sel, poivre du moulin

Les portions pour 1 personne

●
3 1/2 ● dont 1 1/2 MG
1 ●

Blanquette de lotte au safran

Préparation : 20 minutes
Cuisson : 25 minutes
Pour 6 personnes

Couper les blancs de poireaux en tronçons de 2 cm environ. Dans une cocotte en fonte, mettre la margarine puis les blancs de poireaux. Saler, poivrer et laisser mijoter quelques minutes. Poser les tranches de lotte sur les poireaux, ajouter le vin blanc puis le safran. Laisser cuire à découvert 10 minutes après ébullition. Prélever les morceaux de lotte, les réserver au chaud. Poursuivre la cuisson des poireaux pendant 5 minutes. Mélanger le jaune d'œuf avec la crème puis les verser dans la cocotte. Remuer vivement, laisser épaissir à feu doux. Poser les tranches de lotte dans la sauce, poudrer de persil et servir immédiatement.

Ingrédients :

- 900 g de darnes de lotte (6 tranches de 150 g avec os)
- 6 blancs de poireaux
- 25 cl de vin blanc sec
- 24 cc de crème fraîche allégée
- 1 jaune d'œuf
- 3 cc de margarine
- 1 petite pincée de safran en poudre
- Persil
- Sel, poivre

Les portions pour 1 personne

1 1/2 ● dont 1/2 MG
2 ❤

Noix de pétoncles aux noix

Préparation : 5 minutes

Cuisson : 5 minutes

Pour 4 personnes

Saisir à feu très vif les noix de pétoncles dans une poêle antiadhésive 1 minute de chaque côté (rapidement pour les garder moelleuses, autrement elles se transforment en caoutchouc). Ajouter le whisky et flamber. Saler légèrement, poivrer et ajouter les noix hachées. Répartir l'ensemble dans quatre coupelles en porcelaine (chaudes). Réserver au chaud. Déglacer la poêle avec la crème fraîche (ne pas la laisser bouillir). Répartir la sauce sur les noix. Servir immédiatement.

Ingrédients :

- 500 g de noix de pétoncles (crues)
- 8 cc de whisky (pour flamber)
- 30 g de noix écrasées grossièrement
- 8 cc de crème fraîche allégée
- 5 baies
- Sel, poivre

Les portions pour 1 personne

1 1/2 ○

1 ❤

Noix de pétoncles aux noix

Filets de merlan à la normande

Filet de merlan à la normande

Préparation : 30 minutes

Cuisson : 30 minutes

Pour 4 personnes

Mettre les moules nettoyées dans une poêle sans matière grasse. Dès qu'elles sont ouvertes et cuites, enlever les coquilles et les mettre de côté. Laisser reposer le jus pour que les impuretés se déposent au fond de la poêle. Récupérer 1 dl de ce liquide. Faire chauffer la margarine dans une cocotte et ajouter les filets de merlan. Remuer pour que le poisson n'attache pas et mouiller avec le vin blanc. Ajouter le laurier, le thym, l'ail et le persil, ainsi que le jus des moules réservé. Faire mijoter doucement, poivrer et saler légèrement. Après 10 minutes de cuisson, retirer le poisson de la sauce. Ajouter à celle-ci le coulis de tomates et la crème. Provoquer une légère évaporation. Faire réchauffer pendant 1 minute les moules dans la sauce. Répartir les filets de merlan et les moules dans des assiettes chaudes et napper de sauce.

Note : cette recette peut se faire aussi avec du colin ou du lieu.
La chair fine et feuilletée du merlan se défait facilement, surveillez donc attentivement la cuisson. C'est un poisson maigre et très digeste.

Ingrédients :

- 420 g de filets de merlan
- 260 g de moules de bouchot
- 12,5 cc de vin blanc
- 8 cc de crème fraîche épaisse allégée
- 2 cc de margarine
- 1 cc de coulis de tomates
- 2 cc de persil
- 1/2 cc d'ail haché
- 1 pincée de thym
- 1/2 feuille de laurier
- Sel, poivre au moulin

Les portions pour 1 personne

1 1/2 ● dont 1/2 MG

1 ❤

Turbans de sole à la purée de poivrons

Préparation : 15 minutes

Cuisson : 15 minutes

Pour 4 personnes

Laver les poivrons, les couper, les épépiner et les détailler en petits morceaux. Les mettre dans une jatte avec 6 cuillères à soupe d'eau. Couvrir et faire cuire à plaine puissance 8 minutes. Egoutter les poivrons et les mixer en ajoutant le sucre, le vinaigre, du sel et du poivre. Pour obtenir un coulis encore plus fin, le passer à travers un tamis. Rouler les filets de sole, les maintenir avec un pique en bois et les disposer dans un plat en Pyrex. Les mouiller avec le vin blanc mélangé à 1/2 verre d'eau et le jus d'un citron. Ajouter la margarine en petits morceaux, couvrir et faire cuire au four à micro-ondes à pleine puissance 6 à 8 minutes. Verser la crème de poivrons sur des assiettes chaudes et y poser les filets de sole après avoir retiré le bâtonnet. Décorer chaque turban de 2 feuilles de basilic et servir.

Ingrédients :

- 4 filets de sole de 140 g chacun
- 3 poivrons rouges
- 3 cc de vinaigre de vin
- 2 cc de sucre
- 6 cl de vin blanc
- 2 cc de margarine
- 8 feuilles de basilic (ou 3 cc de basilic haché surgelé)
- 1 citron
- Sel, poivre

Les portions pour 1 personne

1 1/2 ● dont 1/2 MG

1/2 ●

Turbans de sole à la purée de poivrons

Saumon à l'étouffée

Préparation : 5 minutes
Cuisson : 15 minutes
Pour 4 personnes

Garnir un plat avec la moitié des épinards, assaisonner, y déposer le saumon. Recouvrir du reste de légumes, assaisonner à nouveau. Cuire à couvert 15 minutes position maximum. 3 minutes avant la fin de la cuisson, ajouter la crème.

Ingrédients :

- 4 darnes de saumon de 140 g chacune
- 1 kg d'épinards hachés
- 8 cc de crème fraîche allégée
- Sel, poivre, muscade

Les portions pour 1 personne

●

2 ●

1 ❤

les Viandes

Blanquette de veau à l'ancienne

Préparation : 10 minutes

Cuisson : 1 heure 15

Pour 4 personnes

Couper le veau en morceaux et les faire revenir dans une sauteuse avec la margarine. Recouvrir la viande de 3/4 de litre d'eau chaude. Ajouter les carottes épluchées et coupées en rondelles et les oignons épluchés en entiers, puis le bouquet garni, du sel et du poivre. Couvrir et faire mijoter pendant 1 heure et 15 minutes environ. Retirer la viande et la réserver au chaud dans un plat creux. Prélever une petite louche de bouillon pour diluer la farine. Verser dans la sauteuse et faire épaissir à petits bouillons. Ajouter la crème et le jus de citron. Rectifier l'assaisonnement et servir la viande nappée de la sauce.

Note : on peut servir la blanquette avec du riz nature, des pommes de terre vapeur ou des champignons de couche.

Ingrédients :

- 320 g de jarret de veau (avec os)
- 240 g de tendron de veau
- 2 cc de margarine
- 2 carottes
- 8 petits oignons grelots
- 1 bouquet garni
- 4 cc de farine
- 8 cc de crème fraîche allégée
- Le jus d'un citron

Les portions pour 1 personne

2 ● dont 1/2 MG

2 ❤

Bœuf Strogonov

Préparation : 15 minutes
Cuisson : 20 minutes
Pour 4 personnes

Eplucher et émincer les échalotes finement. Faire fondre la moitié de la margarine dans une poêle et y mettre les échalotes à revenir doucement jusqu'à ce qu'elles deviennent translucides. Eplucher les champignons et les émincer. Les ajouter aux échalotes et les faire sauter à feu vif jusqu'à ce qu'ils rendent leur eau de végétation. Verser le cognac et la crème sur les champignons. Saler, poivrer et laisser cuire doucement pendant 5 minutes environ pour que la sauce prenne une consistance veloutée. Découper le filet de bœuf en fins bâtonnets et les faire sauter durant 5 minutes à feu vif dans le reste de la margarine, tout en remuant. Saupoudrer de paprika et de thym émietté. Ajouter les champignons, saler, poivrer et bien mélanger avant de servir brûlant.

Ingrédients :

- 420 g de filet de bœuf
- 4 cc de margarine
- 4 échalotes
- 400 g de champignons de Paris
- 8 cc de crème fraîche allégée
- 1 brin de thym frais
- 4 cc de cognac
- 1/2 cc de paprika doux
- Sel, poivre

Les portions pour 1 personne

2 1/2 ● dont 1 MG
1 ❤

Papillotes de dindonneau

Préparation : 5 minutes
Cuisson : 10 minutes
Pour 6 personnes

Hacher la ciboulette et l'échalote. Mélanger tous les ingrédients ensemble dans un bol : fromage blanc, vin, porto, épices, sel et poivre. Dans chaque feuille de papier aluminium, disposer une escalope bien à plat ; garnir chacune de la préparation. Rouler chaque escalope dans sa feuille. Disposer les papillotes dans un plat en Pyrex et faire cuire à four chaud 10 minutes th. 7 (210 °C). Servir ainsi, très chaud.

Note : accompagner ce plat de légumes verts cuits à la vapeur et de pommes de terre si désiré (à comptabiliser).

Ingrédients pour 1 litre de sauce

- 6 escalopes de dindonneau de 130 g chacune
- 100 g de fromage blanc à 10 % de MG
- Ciboulette
- 1 bouquet garni
- 3 cc de porto
- 1 échalote
- 3 cc de vin blanc
- Sel, poivre
- 6 feuilles de papier aluminium

Les portions pour 1 personne

1 (orange)
1 (rouge)

Papillotes de dindonneau

Curry de lapin à l'indonésienne

Préparation : 15 minutes
Cuisson : 1 heure
Pour 4 personnes

Faire dorer les morceaux de lapin dans l'huile. Retirer les morceaux et mettre les oignons hachés à la place. Les faire fondre sur feu doux sans les laisser colorer. Ajouter les tomates, remettre le lapin, saler, poivrer et poudrer de curry en remuant bien. Mouiller avec la poudre de noix de coco délayée dans 30 cl d'eau. Ajouter l'ail émincé et le bouquet garni. Porter à ébullition puis baisser le feu et laisser mijoter à couvert pendant 40 minutes. 10 minutes avant la fin de la cuisson du lapin, faire doucement revenir dans la margarine les pommes, les ananas et les bananes épluchés et coupés en dés. Servir le lapin nappé de la sauce et entouré des fruits.

Note : les bananes plantains sont de grosses bananes à la peau verte ou jaune, en provenance des Antilles ou d'Asie. On les achète dans les magasins de produits exotiques et on les cuisine comme des pommes de terre. Si vous n'en trouvez pas, prenez des bananes fruits très peu mûres, voire vertes.

Ingrédients :

- 500 g de lapin en morceaux
- 2 CS de curry
- 200 g de tomates pelées
- 200 g d'oignons
- 200 g de bananes plantains
- 300 g de pommes vertes
- 300 g d'ananas frais
- 1 CS de poudre de noix de coco
- 4 gousses d'ail
- 4 cc d'huile d'arachide (ou mieux d'huile de palme)
- 4 cc de margarine
- 1 bouquet garni
- Sel, poivre

Les portions pour 1 personne

2 ● dont *1/2*
3 ● dont 2 MG

Suprême de dinde aux poireaux

Préparation : 50 minutes

Cuisson : 30 minutes

Pour 4 personnes

Dans une casserole plate, faire colorer les suprêmes de dinde, des 2 côtés, avec la margarine. Ajouter le vin blanc, faire cuire 5 minutes à couvert. Réserver les escalopes au chaud dans un papier aluminium pour éviter qu'elles sèchent.
Dans la casserole de cuisson, mettre la crème, porter à ébullition, réserver au bain-marie.
A l'aide d'un couteau économe, éplucher le poivron rouge, le couper en très petits dés, les cuire 6 minutes à l'eau bouillante, puis les plonger dans de l'eau glacée. Les égoutter.
Préparer, laver les poireaux, les couper en deux dans le sens de la longueur puis en tronçons de 1 cm de large. Les cuire 6 minutes à l'eau salée, les égoutter et les rouler dans le beurre. Ajouter les dés de poivron rouge. Napper de sauce le plat de service, masquer du mélange poireaux-poivrons, poser dessus les suprêmes de dinde, parsemer de pluches de cerfeuil.
Note : il est conseillé de ne pas trop cuire la viande afin de lui garder son « moelleux ».
On peut servir à part des brocolis cuits à l'eau salée.

Ingrédients :

- 520 g de suprême de dinde
- 2 cc de margarine
- 12,5 cl de vin blanc
- 4 cc de crème fraîche
- 1/2 poivron rouge
- 450 g de poireaux
- 1 cc de beurre
- 1/2 botte de cerfeuil
- Sel, poivre

Les portions pour 1 personne

🟢

1 1/2 🟡 dont 1/2 MG

1 🔴

Magret de canard aux poires

Magret de canard aux poires

Préparation : 15 minutes
Cuisson : 20 minutes
Pour 4 personnes

Verser le vin et son équivalent en eau dans une casserole juste assez grande pour contenir les poires debout serrées les unes contre les autres. Ajouter le gingembre, 1 pincée de poivre et le poivre vert. Porter à ébullition. Peler les poires en conservant la queue et les plonger dans le liquide bouillant. Dès la reprise de l'ébullition, baisser le feu et laisser frémir pendant 20 minutes. Incisez en biais la peau du magret, saler et poivrer et faire dorer durant environ 12 minutes dans une poêle antiadhésive, d'abord sur le côté peau puis sur l'autre face, en retournant la dernière minute sur le côté peau. Envelopper dans du papier d'aluminium et tenir au chaud. Jeter la graisse de cuisson du magret, puis égoutter les poires et verser le vin de cuisson dans la poêle en grattant bien les sucs de la viande avec une spatule en bois. Faire chauffer. Découper le magret en tranches fines et servir entouré des poires et nappé de la sauce.
« Magret » ou « maigret », les mots désignent simplement la partie maigre d'un canard engraissé pour son foie. Ce sont les gros filets de chair prélevés sur la poitrine (à ne pas confondre avec le filet de canard, moins cher mais moins moelleux).

Ingrédients :

- 520 g de magret de canard
- 600 g de petites poires un peu dures
- 12,5 cl de Monbazillac
- 1 CS de poivre vert
- 1 cc de gingembre en poudre
- Sel, poivre

Les portions pour 1 personne

● (vert)
3 ● (orange)

Navarin de mouton aux trois légumes

Préparation : 15 minutes
Cuisson : 50 minutes
Pour 4 personnes

Eplucher les oignons et les détailler en rondelles fines. Eplucher le reste des légumes et les couper en morceaux. Faire chauffer l'huile dans une cocotte et y faire revenir les morceaux de mouton pendant 5 minutes en remuant. Ajouter les oignons, laisser blondir, poudrer avec la farine et mélanger. Verser le vin blanc dans la cocotte puis ajouter les carottes, les navets, le fenouil, l'ail et le bouquet garni. Couvrir et laisser mijoter pendant 45 minutes. 15 minutes avant la fin de la cuisson, ajouter les courgettes. Enlever le bouquet garni et servir très chaud, parsemé de persil ciselé.

Note : le simple ragoût de mouton devient théoriquement navarin lorsqu'il est garni de navets. Il comporte généralement une grande variété de légumes de saison, si possible printaniers.

Ingrédients :

- 480 g de collier de mouton
- 200 g d'oignons
- 4 cc de farine
- 2 gousses d'ail
- 1 bouquet garni
- 200 g de navets
- 100 g de carottes
- 200 g de courgettes
- 100 g de fenouil (bulbe)
- 1 botte de persil plat
- 15 cl de vin blanc
- 4 cc d'huile
- Sel, poivre

Les portions pour 1 personne

4
1 ❤

Poulet au yaourt

Préparation : 10 minutes

Cuisson : 1 heure 30

Pour 4 personnes

Retirer la peau des morceaux de poulet, les piquer avec une fourchette avant de les mettre dans une sauteuse. Mélanger les autres ingrédients. Verser sur le poulet. Couvrir. Faire mijoter pendant une heure et demie environ. Si nécessaire, découvrir la sauteuse en fin de cuisson pour faire réduire la sauce. Servir bien chaud.

Ingrédients :

- 1 poulet de 1,2 kg découpé en morceaux
- 120 g d'oignons hachés
- 2 yaourts nature
- 1/2 cc de gingembre en poudre
- 1/2 cc de paprika
- 2 cc de jus de citron
- 2 cc de curry
- Le zeste d'un demi-citron en ruban
- Sel, poivre

Les portions pour 1 personne

2 ●

Bœuf au paprika

Préparation : 10 minutes
Cuisson : 18 minutes
Pour 4 personnes

Dans une cocotte en verre, faire fondre la margarine au four à micro-ondes 1 minute position maximum. Ajouter l'oignon émincé et la viande coupée en gros cubes. Cuire 3 minutes à couvert position maximum. Remuer, saler, poivrer, mettre le paprika, le concentré de tomates, les champignons, la moutarde. Remuer encore une fois et cuire à nouveau 3 minutes à couvert position maximum. Délayer la farine avec l'eau et faire épaissir 1 minute position maximum. Ajouter le bouillon-cube et le vin. Verser sur le bœuf et cuire à couvert 12 minutes position maximum en remuant à mi-cuisson.

Ingrédients :

- 650 g de bœuf maigre
- 4 cc de margarine
- 1 oignon
- 4 cc de concentré de tomate
- 1 cc de paprika
- 250 g de petits champignons
- 1 CS de moutarde
- 4 cc de farine
- 12,5 cl de vin rouge
- 12,5 cl d'eau
- 1 bouillon-cube de bœuf
- Sel, poivre

Les portions pour 1 personne

3 ● dont 1 MG
2 ❤

Bœuf au paprika

Veau sauté à la purée d'ail

Préparation : 15 minutes

Cuisson : 1 heure 15

Pour 4 personnes

Dans une cocotte, faire dorer les oignons épluchés et émincés. Lorsqu'ils sont bien dorés, ajouter les morceaux de veau et les faire dorer de tous côtés en remuant. Verser 10 cl de bouillon et le vin blanc, ajouter le bouquet garni, du sel, le poivre de Cayenne. Couvrir et laisser mijoter pendant 1 heure. Pendant ce temps, séparer les gousses d'ail et les faire cuire à l'eau bouillante salée pendant 1/2 heure environ, selon la grosseur des gousses ; celles-ci doivent devenir molles. Les égoutter, les peler pour récupérer la pulpe et réduire celle-ci en purée. Mélanger avec la crème, le jaune d'œuf et le cognac. Quand la viande est cuite, la réserver au chaud. Jeter le bouquet garni, délayer un peu de jus de cuisson avec le mélange ail, crème, jaune d'œuf. Reverser dans la cocotte et faire chauffer sans laisser bouillir. Rectifier l'assaisonnement et verser sur les morceaux de veau.

Note : l'ail cuit ainsi est parfaitement digeste et, à la limite, il est difficile de reconnaître dans cette délicate purée le parfum certes vivifiant de l'ail, mais que certains trouvent un peu agressif.

Ingrédients :

- 480 g de sauté de veau
- 2 oignons
- 4 cc d'huile
- 1 bouillon-cube de poule
- 6 cl de vin blanc
- 1 bouquet garni
- 2 têtes d'ail
- 4 cc de cognac
- 8 cc de crème fraîche allégée
- 1 jaune d'œuf
- 1 bouquet garni
- 1 pincée de poivre de Cayenne
- Sel

Les portions pour 1 personne

2 1/2 ● dont 1 MG
1/2 ●
1 ❤

Poulet Fiesta

Préparation : 30 minutes

Cuisson : 40 minutes

Pour 4 personnes

Préchauffer le four th. 6/7 (210 °C). Couper les blancs de poulet en dés, ainsi que le poivron. Hacher l'oignon. Dans une cocotte de taille moyenne ou une coquelle pouvant aller au four, faire chauffer 2 cuillères à café de margarine ; y faire revenir l'oignon haché et les dés de poivron pendant 2 à 3 minutes, jusqu'à ce que les légumes soient tendres. Les repousser ensuite vers les extrémités et faire fondre 2 autres cuillères de margarine au centre. Ajouter les dés de blancs de poulet ; les faire rapidement blondir, puis les recouvrir de tomates concassées, riz, jus de tomate, ail écrasé, bouquet garni, safran, sel et poivre. Porter à ébullition en mélangeant. Couvrir et mettre à cuire au four pendant 30 à 35 minutes, afin que le riz ait pratiquement absorbé tout le liquide. Retirer le bouquet garni et l'ail écrasé. Verser dans un plat de service creux. Décorer de tranches d'olives vertes farcies au piment et de quelques feuilles de persil plat.

Note : les blancs de poulet peuvent être remplacés par des blancs de dinde.

Ingrédients :

- 520 g de blancs de poulet (frais ou surgelés)
- 1/2 poivron vert
- 1 gros oignon doux
- 4 cc rases de margarine végétale
- 200 g de tomates pelées, en conserve, égouttées
- 25 cl de jus de tomate
- 120 g de riz cru à longs grains
- 1 gousse d'ail
- 1 bouquet garni
- 3 pincées de safran
- 8 olives vertes farcies au piment
- 1 branche de persil plat
- Sel, poivre

Les portions pour 1 personne

●

3 ● dont 1 MG

1 ❤

Lapin en gelée

Lapin en gelée

Marinade : 1 heure - Préparation : 15 minutes

Cuisson : 1 heure

Pour 6 personnes

Tailler le lapin en 6 morceaux. Les mettre, ainsi que le foie, dans une terrine creuse avec le bouquet garni, du sel et du poivre. Peler les oignons et les couper en 2. Piquer dans l'un d'eux le clou de girofle. Laver les carottes et couper les extrémités. Les fendre en 2 mais ne pas les éplucher. Ajouter ces légumes à la terrine. Recouvrir de bouillon et d'eau-de-vie. Laisser mariner 1 heure en retournant les morceaux une fois. Allumer le four th. 7 (210 °C). Mettre la terrine et son couvercle dans le four pour 1 heure. Retourner les morceaux 2 fois durant la cuisson. Egoutter les morceaux et les désosser, c'est facile : la chair se détache facilement. Réserver la marinade dans un bol ; y dissoudre la gélatine. Dresser la terrine : disposer les morceaux de lapin en alternance avec les légumes découpés en rondelles. Faire prendre la gélatine sur feu doux si elle n'est pas dissoute et en recouvrir la terrine. Laisser prendre au frais.
Présenter cette terrine sur un lit de salade avec des quartiers de tomates.

Ingrédients :

- 1 lapin de 1,2 kg environ
- 2 carottes
- 2 oignons
- 1 clou de girofle
- Bouquet garni (persil, thym, laurier)
- 1 cc d'eau-de-vie
- 4 feuilles de gélatine
- 30 cl de bouillon (ou 1 bouillon-cube allégé)
- Sel, poivre

Les portions pour 1 personne

1 1/2 ●

1 ❤

Poulet sauté au vinaigre

Poulet sauté au vinaigre

Préparation : 10 minutes
Cuisson : 45 minutes
Pour 4 personnes

Faire fondre la margarine dans une cocotte puis y faire dorer doucement les morceaux de poulet pendant 10 minutes. Ajouter les gousses d'ail non épluchées, saler, poivrer, mélanger et faire cuire doucement à couvert durant 15 minutes. Verser ensuite le vinaigre, le concentré de tomates, les tomates et le bouquet garni dans la cocotte. Mélanger en grattant le fond de la cocotte avec une cuillère en bois et continuer la cuisson pendant encore 10 minutes. Egoutter les morceaux de poulet et les poser sur un plat de service chaud. Sortir les gousses d'ail, en presser la pulpe et l'ajouter au jus de cuisson avec 10 cl de bouillon de volaille. Laisser réduire à feu vif durant 5 minutes, rectifier l'assaisonnement et verser sur le poulet. Parsemer de persil ciselé et servir immédiatement.

Ingrédients :

- 520 g de poulet coupé en morceaux
- 1 bouquet garni
- 1 tête d'ail
- 6 cl de vinaigre de xérès
- 2 bouillons-cube de volaille
- 4 cc de margarine
- 4 cc de concentré de tomate
- 1/2 boîte de tomates pelées
- 1 botte de persil plat
- Sel, poivre

Les portions pour 1 personne

2 ● dont 1 MG
1 ❤

Osso buco

Préparation : 10 minutes
Cuisson : 1 heure 45
Pour 4 personnes

Faire chauffer l'huile dans une cocotte (l'idéal est une cocotte avec un couvercle où l'on peut mettre de l'eau). Fariner la viande et la mettre à dorer en la remuant. Saupoudrer de sel et de poivre. Ajouter les carottes râpées, la branche de céleri coupée très finement et les oignons hachés. Remuer pendant 5 minutes puis ajouter le vin. Laisser cuire durant 5 minutes. Le liquide doit avoir presque disparu. Ajouter alors 10 cl d'eau et les tomates. Baisser le feu, couvrir et laisser mijoter pendant 1 heure et 15 minutes en vérifiant qu'il reste du liquide. Lier la sauce avec la margarine, ajouter l'orange, le citron, l'ail écrasé, le basilic, le persil et laisser mijoter encore pendant 5 minutes avant de servir.

Note : pour fariner régulièrement et légèrement des viandes ou des poissons, mettre la farine puis l'aliment dans un sac en plastique, et secouer : la farine se répartira uniformément.

Ingrédients :

- 4 tranches de 120 g de jarret de veau
- 20 g de farine
- 4 cc d'huile d'olive
- 200 g d'oignons
- 200 g de carottes
- 1 branche de céleri
- 6 cl de vin blanc sec
- 2 tomates
- 1 cc de zeste d'orange râpé
- 1 cc de zeste de citron râpé
- 1 gousse d'ail
- 1 CS de persil haché
- 1 CS de basilic ciselé
- 3 cc de margarine
- Sel, poivre

Les portions pour 1 personne

● (vert)

3 ● (jaune) dont 1 MG

Filet mignon de porc à l'ananas

Préparation : 20 minutes

Cuisson : 35 minutes

Pour 4 personnes

Préchauffer le four th. 6 (180 °C). A froid, dégraisser au maximum la viande. La faire revenir 15 minutes en la déposant sur la grille du four, lèchefrite en dessous. Sortir la viande du four. La déposer dans un plat allant au four. Verser dessus le jus d'ananas. Saler, poivrer, ajouter les 4 épices. Remettre à cuire au four 20 minutes environ. Pendant ce temps, éplucher l'ananas. Le couper en petits triangles de 1 cm d'épaisseur. Enlever la partie centrale dure. Faire fondre la margarine dans une poêle, y faire dorer légèrement les triangles d'ananas. Saler et épicer des 4 épices. Servir le rôti entouré des morceaux d'ananas.

Ingrédients :

- 640 g de filet mignon de porc (sans barde)
- 25 cl de jus d'ananas non sucré
- 1/4 d'ananas coupé dans le sens de la longueur
- 2 cc rases de margarine
- Sel, poivre, 4 épices

Les portions pour 1 personne

2 1/2 dont 1/2 MG

Filet mignon de porc à l'ananas

Cassolette de poulet

Préparation : 15 minutes

Cuisson : 30 minutes

Pour 4 personnes

Faire revenir le poulet dans l'huile, assaisonner avec le sel et le curry. Garder au chaud. Faire revenir 3 minutes dans le fond de poulet l'oignon, les champignons et les courgettes. Ajouter le poulet, mouiller avec le bouillon, assaisonner et cuire à couvert. En fin de cuisson, ajouter la farine délayée dans la crème fraîche.

Ingrédients :

- 520 g d'émincé de poulet
- 4 cc d'huile végétale
- 200 g d'oignon haché
- 400 g de champignons
- 400 g de courgettes
- 50 cl de bouillon-cube (1 gros)
- 4 cc de farine
- 8 cc de crème fraîche allégée
- Sel, poivre, curry, thym

Les portions pour 1 personne

●

2 ● dont 1 MG

2 ❤

Daube de porc aux aubergines

Préparation : 20 minutes

Cuisson : 1 heure 30

Pour 4 personnes

Dans une cocotte en fonte, faire revenir dans l'huile les oignons en lamelles et l'ail haché. Ajouter la rouelle de porc, la faire dorer. Mouiller avec un peu d'eau, mettre les épices et cuire 1 heure à feu doux. Eplucher les aubergines, les couper en gros dés. Les mettre dans la cocotte, ajouter très peu d'eau. Poursuivre la cuisson 30 minutes environ. Servir chaud.

Ingrédients :

- 640 g de rouelle de porc
- 1 kg d'aubergines
- 4 cc d'huile végétale
- 2 oignons
- 2 gousses d'ail
- 1 piment
- Thym, laurier
- Sel, poivre

Les portions pour 1 personne

3 dont 1 MG

Paupiettes de veau aux langoustines

Préparation : 50 minutes

Cuisson : 45 minutes

Pour 4 personnes

Séparer la tête du corps des langoustines ; les décortiquer soigneusement. Réserver le tout au froid. Aplatir les escalopes, saler, poivrer, poser au centre une petite boule de chair à saucisse et une queue de langoustine, rabattre les 4 côtés puis ficeler. Dans une casserole, faire chauffer huile et margarine, dorer les paupiettes sur toutes les faces, ajouter l'oignon émincé, une carotte coupée en gros dés, les têtes de langoustines, l'eau, le vin blanc, sel, poivre. Cuire à couvert pendant 45 minutes. Prélever les paupiettes en fin de cuisson, les tenir au chaud. Dans la cuisson, ajouter la crème fraîche, porter à ébullition 5 minutes, retirer les têtes des langoustines. Passer le reste au mixeur puis au chinois très fin. Goûter et rectifier l'assaisonnement. Servir les paupiettes nappées de sauce.

Note : la sauce est liée avec les légumes de la garniture. On peut servir ces paupiettes avec des haricots verts cuits à l'eau et parsemés de cerfeuil.

Ingrédients :

- 8 langoustines (500 g)
- 4 escalopes de veau de 160 g chacune
- 80 g de chair à saucisse
- 4 cc d'huile
- 2 cc de margarine
- 1 oignon
- 2 carottes
- 5 cl de vin blanc
- 1 dl d'eau
- 4 cc de crème fraîche
- Sel, poivre du moulin

Les portions pour 1 personne

4 1/2 (orange) dont 1 1/2 MG

1/2 (rouge)

Paupiettes de veau aux langoustines

Foie de veau aux raisins secs

Foie de veau aux raisins secs

Préparation : 10 minutes
Cuisson : 20 minutes
Pour 1 personne

Mettre les raisins secs à tremper dans un peu d'eau chaude. Faire fondre la margarine dans une sauteuse. Y dorer doucement le foie. Flamber avec le calvados. Ajouter les raisins secs avec l'eau. Couvrir un moment, puis déglacer avec la crème fraîche. Disposer le foie dans une assiette. Ajouter les légumes bien chauds. Napper avec la sauce.

Ingrédients :

- 2 cc de raisins secs
- 1 cc rase de margarine
- 200 g de foie de veau cru
- 2 cc de calvados
- 2 cc rases de crème fraîche allégée
- 150 g de salsifis cuits
- 150 g de carottes cuites

Les portions pour 1 personne

● (vert)
3 ● (orange) dont 1 MG
1 ❤

Lapin basquaise

Préparation : 10 minutes

Cuisson : 40 minutes

Pour 4 personnes

Epépiner les poivrons, peler les oignons. Couper le tout en lamelles. Dans une cocotte en fonte, verser les tomates pelées, les écraser. Ajouter les oignons et les poivrons, porter à ébullition. Ajouter les râbles de lapin, saler, poivrer. Verser le vin blanc, le bouillon-cube, l'eau et les herbes de Provence. Porter à nouveau à ébullition puis couvrir et laisser cuire environ 40 minutes à feu doux.

Ingrédients :

- 1 boîte de tomates pelées (850 g)
- 2 râbles de lapin de 300 g chacun
- 2 gros oignons
- 1/2 poivron vert
- 1/2 poivron rouge
- 6 cl de vin blanc
- 1 bouillon-cube dégraissé
- 25 cl d'eau
- Herbes de Provence
- Sel, poivre

Les portions pour 1 personne

2 ●

les Légumes et accompagnements

Mousseline de courgettes

Préparation : 10 minutes

Cuisson : 20 minutes

Pour 2 personnes

Peler les courgettes dans le sens de la longueur en laissant des bandes de peau verte à intervalles réguliers. Eplucher les pommes de terre, les laver et les découper en rondelles ainsi que les courgettes. Faire bouillir 1 litre d'eau salée dans un autocuiseur. Y plonger les légumes et les laisser cuire pendant 15 minutes à partir de la rotation de la soupape. Les égoutter. Les passer au presse-purée. La couleur sera d'un beau vert tendre. Ajouter la crème fraîche et la noix de muscade râpée, saler et poivrer. Servir en accompagnement de n'importe quel plat de viande ou de poisson.

Note : ne pas se servir du mixeur pour réduire des pommes de terre en purée car celle-ci serait collante. On peut mixer tous les autres légumes. Pour un parfum plus subtil, utiliser le macis : c'est l'écorce de la noix de muscade. Le râper au dernier moment.

Ingrédients :

- 400 g de courgettes
- 240 g de pommes de terre
- 4 cc de crème fraîche allégée
- 1 pincée de noix de muscade
- Sel, poivre

Les portions pour 1 personne

●
1 ●
1 ❤

Salade de pois chiches

Préparation : 10 minutes
Cuisson : 10 minutes
Pour 2 personnes

Faire bouillir l'œuf pendant 10 minutes dans une petite casserole puis l'écaler. Laver les pois chiches et les égoutter. Découper les tomates en cubes. Dans un grand bol, mélanger aux pois chiches le cumin, le sel, le poivre, le vinaigre, l'huile, les échalotes hachées, les tomates et l'œuf haché grossièrement. Parsemer de persil et servir frais.

Note : on peut ajouter 40 g de fromage de chèvre ou chèvre et brebis mélangés à 45 % de matières grasse.
Idéale à préparer en un temps record, cette salade composée très parfumée constitue presque un repas complet. On peut remplacer le persil par de la coriandre fraîche.

Ingrédients :

- 200 g de pois chiches en conserve
- 30 g d'échalotes
- 100 g de tomates
- 4 cc de câpres
- 3 cc de vinaigre de vin
- 2 cc d'huile d'olive
- 1 œuf
- 1 CS de persil haché
- 1 forte pincée de cumin
- Sel, poivre

Les portions pour 1 personne

2 1/2 ● dont 1 MG

Aubergines de Monsieur Seguin

Préparation : 10 minutes

Cuisson : 20 minutes

Pour 4 personnes

Eplucher et couper les aubergines en dés, les mettre dans un plat en verre avec l'ail et l'oignon mixés et 2 cuillères à soupe d'eau. Saler, poivrer. Cuire au four à micro-ondes à couvert 10 minutes puissance maximum. Une fois cuites, les parsemer de fromage de chèvre et couvrir avec l'huile et les herbes. Remettre au four 10 minutes puissance maximum à découvert.

Ingrédients :

- 2 aubergines
- 240 g de fromage de chèvre
- 1 oignon, 1 gousse d'ail
- 4 cc d'huile d'olive
- Sel, poivre, herbes de Provence

Les portions pour 1 personne

●

4 ● dont 1 MG

Aubergines de Monsieur Seguin

Courgettes aux pommes et aux raisins

Préparation : 10 minutes

Cuisson : 20 minutes

Pour 2 personnes

Eplucher les courgettes et les couper en languettes fines, puis en bâtonnets de 4 cm environ. Peler les pommes et les découper en lamelles. Faire chauffer 1 cuillère d'huile d'olive dans un autocuiseur. Ajouter aussitôt courgettes, pommes et raisins secs. Arroser de jus de citron, saler et saupoudrer de gingembre. Fermer le récipient et laisser « chuinter » la soupape car les courgettes doivent cuire dans leur jus. Une trop forte chaleur provoquerait l'évaporation de l'eau. Ouvrir l'autocuiseur après 7 minutes de cuisson. Ajouter le reste d'huile, poivrer et parsemer de persil haché. Servir chaud ou froid.

Note : on pourra faire cette recette avec des rondelles de concombres.
Comme tous les mélanges sucrés salés, cette préparation s'accommode bien de condiments haut en saveur, comme le gingembre et le jus de citron.

Ingrédients :

- 400 g de courgettes
- 100 g de pommes reinette
- 20 g de raisins secs
- 2 cc d'huile d'olive
- 1/2 cc de gingembre frais râpé
- Le jus de 1/2 citron
- 1 cc de persil haché
- Sel, poivre

Les portions pour 1 personne

1 1/2 (vert) dont *1/2*
1 (orange) dont 1 MG

Timbale de chou-fleur

Préparation : 5 minutes
Cuisson : 40 minutes
Pour 4 personnes

Cuire le chou-fleur à la vapeur. Le réduire en purée et incorporer la margarine. Ajouter les œufs battus avec la crème, le sel, le poivre et la muscade. Verser dans des moules individuels. Remettre au four à découvert 25 minutes position maximum. Démouler avant de servir.

Ingrédients :

- 1 gros chou-fleur
- 4 cc de margarine
- 4 œufs
- 8 cc de crème fraîche allégée
- Sel, poivre, muscade

Les portions pour 1 personne

🟢
2 🟠 dont 1 MG
1 ❤

Gratin dauphinois

Gratin dauphinois

Préparation : 10 minutes

Cuisson : 60 minutes

Pour 4 personnes

Eplucher et détailler en fines rondelles les pommes de terre. Enduire un plat à gratin avec de la margarine. Mettre une première couche de pommes de terre puis une couche de gruyère et ainsi de suite. Saler, poivrer. Mélanger le lait et la crème puis verser sur les pommes de terre. Cuire 60 minutes au four th. 6/7 (200 °C).

Ingrédients :

- 600 g de pommes de terre
- 2 cc de margarine
- 90 g de gruyère râpé allégé
- 20 cl de lait 1/2 écrémé
- 4 cc de crème fraîche
- Sel, poivre

Les portions pour 1 personne

2 1/2 (orange) dont 1/2 MG

1/2 (rouge)

Purée Soubise

Préparation : 10 minutes

Cuisson : 15 minutes

Pour 4 personnes

Eplucher les oignons et les pommes de terre. Les laver. Les disposer dans le panier de la cocotte-pression et mettre 1 verre d'eau dans le fond. Les laisser cuire 15 minutes avec le thym, le laurier et 1 pincée de sel. Oter les aromates et mixer les légumes. Ajouter si besoin un peu de jus de cuisson de façon à obtenir une purée fine et peu épaisse. Poivrer. Rectifier l'assaisonnement et servir.

Note : cette purée se marie fort bien avec du jambon maigre, un rôti de porc ou du veau. Elle peut aussi se consommer froide.

Ingrédients :

- 500 g d'oignons
- 120 g de pommes de terre
- 1 brin de thym
- 1/4 de feuille de laurier
- Sel, poivre

Les portions pour 1 personne

1

Haricots blancs gratinés

Préparation : 15 minutes

Cuisson : 15 minutes

Pour 4 personnes

Laver, couper, épépiner les tomates. Les faire cuire dans une poêle antiadhésive. Saler, poivrer. Si les haricots sont en conserve, les rincer et les égoutter. Les mélanger aux tomates. Revoir l'assaisonnement. Verser dans un plat allant au four. Mélanger le gruyère râpé avec la crème fraîche. Etaler ce mélange sur les haricots. Faire gratiner au four préchauffé th. 7-8 (210/240 °C) 15 minutes environ.

Ingrédients :

- 600 g de tomates bien mûres
- 400 g de haricots blancs cuits (ils peuvent être en conserve)
- 60 g de gruyère râpé allégé
- 8 cc rases de crème fraîche allégée
- Sel, poivre

Les portions pour 1 personne

🟢

1 1/2 🟡

1 ❤

Gratin de poireaux

Préparation : 20 minutes

Cuisson : 30 minutes

Pour 4 personnes

Ne conserver des poireaux que les blancs avec la partie vert tendre. Les fendre en quatre dans le sens de la longueur. Les laver et les cuire dans de l'eau salée. Les égoutter. Pendant ce temps, battre les œufs en omelette. Ajouter le lait, la moitié du gruyère. Saler, poivrer et ajouter la muscade. Disposer les poireaux dans un plat. Napper avec la préparation et parsemer du reste de gruyère. Cuire au four 15 minutes th. 8 (260 °C).

Ce plat peut accompagner une viande rôtie ou grillée ou un poisson.

Ingrédients :

- 800 g des blancs de poireaux
- 2 œufs
- 25 cl de lait écrémé
- 90 g de gruyère râpé allégé
- Muscade
- Sel, poivre

Les portions pour 1 personne

●

1 1/2 ●

Gratin de poireaux

Aïoli de légumes

Aïoli de légumes

Préparation : 15 minutes

Cuisson : 15 minutes

Pour 4 personnes

Eplucher et laver tous les légumes. Les couper tous en 2 s'ils sont trop gros. Mettre 4 verres d'eau dans le fond de l'autocuiseur et placer le panier au-dessus. Disposer tous les légumes dans le panier et mettre à cuire 15 minutes avec les herbes (thym, laurier et sarriette). Pendant ce temps, éplucher l'ail et l'écraser dans un bol. Ajouter le fromage blanc, 1 pincée de sel. Bien remuer. Incorporer peu à peu l'huile d'olive. Réserver au frais. Disposer tous les légumes sur le plat de service et servir la sauce à part.

Note : ce plat peut se faire avec de multiples légumes : choisir ceux de la saison et faire un assortiment harmonieux de 6 à 8 d'entre eux.

Ingrédients :

- 4 pommes de terre de 120 g chacune
- 4 carottes moyennes
- 4 petits poireaux (ou 2 gros)
- 4 petites courgettes
- 4 petits artichauts violets (ou 2 artichauts)
- 1 tête de fenouil
- 4 petites tomates

Pour la sauce :

- 4 gousses d'ail
- 200 g de fromage blanc à 20 % de MG
- 4 cc d'huile d'olive
- Thym, laurier et sarriette
- Sel, poivre

Les portions pour 1 personne

🟢

2 1/2 🟡 dont 1 MG

Galette aux nouilles

Préparation : 5 minutes
Cuisson : 20 minutes
Pour 1 personne

Préchauffer une poêle moyenne à revêtement antiadhésif. Battre l'œuf, y incorporer le fromage râpé, puis les nouilles. Saler, poivrer et verser la préparation dans la poêle. Lorsque la galette est presque cuite et le dessous doré, retourner comme une crêpe et faire dorer l'autre face.

Ingrédients :

- 1 œuf
- 30 g de fromage râpé allégé
- 100 g de nouilles fines cuites
- Sel, poivre

Les portions pour 1 personne

3 ●

Barigoule d'artichauts poivrade

Préparation : 35 minutes

Cuisson : 10 minutes

Pour 4 personnes

Effeuiller et équeuter les artichauts à cru, enlever le « foin » de chaque cœur à l'aide d'un couteau, couper chaque fond en quatre. Eplucher carottes, ail, céleri branche, échalotes, couper le tout en petits dés, faire revenir dans l'huile d'olive. Ajouter les fonds d'artichauts, mouiller avec l'eau et le vin blanc. Laisser cuire à couvert pendant 10 minutes. Poudrer de thym émietté.

Ingrédients :

- 2 kg d'artichauts poivrade (700 g de chair)
- 2 carottes
- 4 gousses d'ail
- 50 g de céleri branche
- 50 g d'échalotes
- 4 cc d'huile d'olive
- 2 dl d'eau
- 12,5 cl de vin blanc
- 1 branche de thym
- Sel, poivre du moulin

Les portions pour 1 personne

1 MG

Haricots verts à la carbonara

Préparation : 10 minutes

Cuisson : 15 minutes

Pour 4 personnes

Cuire les haricots verts à la vapeur « al dente » comme les pâtes. Découper le jambon en fines lanières. Faire fondre doucement la margarine dans une poêle, ajouter le jambon et le dorer doucement pendant 5 minutes. Ajouter 3 cuillères à soupe de crème et la réchauffer 2 minutes toujours à feu doux. Poivrer et muscader. Dans un saladier, battre les jaunes d'œufs avec la cuillère à soupe de crème restante. Egoutter les haricots verts. Les mettre dans le plat de service préalablement chauffé et couvrir. Ajouter le contenu de la poêle au mélange œufs-crème. Verser cette préparation sur les haricots gardés au chaud et servir aussitôt.

Vous pouvez ajouter 2 cuillères à café de parmesan dans chaque assiette ; décompter alors 20 Kcal supplémentaires.

Ingrédients :

- 1 kg de haricots verts extra-fins
- 160 g de jambon fumé
- 2 jaunes d'œufs
- 2 cc de margarine
- 8 cc des crème fraîche allégée
- Noix de muscade, sel, poivre

Les portions pour 1 personne

●
2 ● dont 1/2 MG
1 ❤

Haricots verts à la carbonara

Pommes de terre au four à la tomme

Préparation : 5 minutes

Cuisson : 20 minutes

Pour 4 personnes

Allumer le four th. 8 (250 °C). Faire bouillir l'eau salée dans une casserole. Eplucher les petites pommes de terre et les partager en 2. Les faire cuire dans l'eau 15 minutes. Faire fondre la tomme découpée en morceaux avec le vin blanc dans une petite casserole à fond épais. Ajouter l'ail haché et le poivre. Egoutter les pommes de terre et les mettre dans un plat à gratin. Napper de tomme fondue (ne pas laisser refroidir). Mettre au four 5 minutes.

On peut servir avec ces pommes de terre 60 g de viande des Grisons par personne et des cornichons.

Ingrédients :

- 480 g de petites pommes de terre BF15
- 120 g de tomme de Savoie à 25 % de MG
- 8 cc de vin blanc
- 5 g d'ail
- 1/2 litre d'eau
- Sel, poivre

Les portions pour 1 personne

2 ●

les Desserts

Tarte tatin

Préparation : 25 minutes
Cuisson : 45 minutes
Pour 6 personnes

Utiliser un moule de 20 cm de diamètre, assez haut pour ranger des pommes épaisses et pouvant supporter une chaleur directe (une cocotte en terre pourrait convenir). Peler les pommes et les couper en quatre après avoir enlevé les pépins. Faire fondre le beurre et la margarine dans le moule sur la source de chaleur (directement sur une plaque chauffante ; avec une plaque isolante sur le gaz). Saupoudrer la matière grasse de sucre, quand elle est fondue. Ajouter et caler bien les morceaux de pommes les uns contre les autres. En cuisant ils vont beaucoup diminuer de volume. Laisser cuire pendant 10 minutes jusqu'à ce que les morceaux commencent à caraméliser. Mettre le moule au four pour continuer une cuisson plus diffuse. Attendre 20 minutes, puis étaler la pâte feuilletée sur les pommes. Monter la température du four th. 8/9 (260 °C). Laisser lever le feuilletage, puis baisser le four th. 6 (200 °C) pour continuer la cuisson. Il faut compter 15 minutes en tout. Faire tremper le moule dans l'eau froide, puis renverser le contenu sur un plat : les pommes caramélisées seront dessus et la pâte dessous. Servir tiède.

Note : avec 1 cuillère à café de crème fraîche par personne, cette tarte est encore plus exquise (1 cuillère à café de crème : 10 calories optionnelles).

Ingrédients :

- 800 g de pommes reinettes
- 120 g de pâte feuilletée fraîche
- 8 cc de sucre en poudre
- 6 cc de margarine

Les portions pour 1 personne

2 (jaune) dont 1 MG
1 1/2 (rouge)

Tarte tatin

Génoise aux pépites de chocolat

Préparation : 15 minutes
Cuisson : 25 minutes
Pour 8 personnes

Préchauffer le four th. 6 (200 °C). Mélanger les petits-suisses, le sucre et le sucre vanillé dans une terrine. Ajouter peu à peu l'huile, puis, quand la pâte est homogène, casser les œufs un par un. Bien amalgamer le tout en incorporant la farine avec le sel et la levure. Quand la pâte est mollette, cesser de la travailler et casser dedans de toutes petites pépites de chocolat de 2 mm d'épaisseur. Ajouter les zestes de citron et d'orange. Bien mélanger. Etaler la margarine sur un moule à manqué de 25 cm de diamètre. Verser la préparation dedans et laisser cuire pendant 20 minutes. Monter le thermostat th. 7-8 (230 °C). Laisser dorer durant 5 minutes de plus.

Ingrédients :

- 120 g de farine
- 120 g de petits-suisses à 30 % de MG
- 2 œufs
- 6 cc de sucre en poudre
- 6 cc de sucre vanillé
- 30 g de bon chocolat noir
- 7 cc d'huile
- 1 cc de zestes de citron et d'orange râpés
- 1 cc de margarine
- 1 pincée de sel
- 3/4 de paquet de levure

Les portions pour 1 personne

2 ● (orange) dont 1 MG
2 ● (rouge)

Pudding aux fruits

Préparation : 10 minutes

Cuisson : 10 minutes

Pour 4 personnes

Chauffer le lait 5 minutes position maximum au four à micro-ondes, ajouter la matière grasse et le pain émietté, laisser gonfler. Battre les œufs en omelette avec le sucre. Couper tous les fruits en morceaux, les ajouter au pain ainsi que les œufs. Mettre à cuire 10 minutes position fort.

Ingrédients :

- 160 g de pain rassis
- 50 cl de lait écrémé
- 3 cc de margarine
- 4 œufs
- 8 cc d'édulcorant
- 100 g de bananes
- 200 g de pommes
- 20 g de raisins secs

Les portions pour 1 personne

1/2 🟢

3 🟡 dont 1/2 MG

Charlotte aux poires et son coulis de framboises

Charlotte aux poires et son coulis de framboises

Préparation : 30 minutes

Cuisson : 15 minutes - Réfrigération : 12 heures

Pour 8 personnes

(A faire la veille)

Crème pâtissière : mélanger les jaunes d'œufs avec le sucre et la maïzena jusqu'à ce que le mélange blanchisse et devienne mousseux. Faire bouillir le lait avec la gousse de vanille fondue. Verser le lait petit à petit sur le mélange œuf-sucre-maïzena. Faire cuire à feu doux en tournant jusqu'à ce que le mélange épaississe. Laisser refroidir en versant la crème dans un récipient et rajouter l'alcool au dernier moment.

Charlotte : pendant ce temps, couper la brioche (on aura au préalable enlevé la croûte) en lamelles de 1/2 cm d'épaisseur, 10 cm de haut et 20 cm de large à peu près (ceci pour recouvrir les parois du moule à charlotte). Préparer le mélange eau-sucre-alcool en faisant chauffer pour obtenir un sirop léger. Laisser refroidir. Tremper les morceaux de brioche dans ce mélange et tapisser le moule à charlotte et le fond des 3/4 de cette brioche. Couper les poires en lamelles pas trop fines, après les avoir égouttées. Dans le moule tapissé, mettre une couche de crème, une couche de poires, jusqu'à épuisement. Terminer par une couche de brioche trempée dans le mélange eau-sucre-alcool. Poser une assiette sur le moule à charlotte avec un poids. Mettre au réfrigérateur au moins 12 heures. Au moment de servir, démouler la charlotte sur le plat de service. Accompagner du coulis fait avec les framboises, le sucre et le citron, le tout mixé ensemble.

Ingrédients :

- 400 g de poires au sirop léger
- 800 g de framboises fraîches ou surgelées (peut se faire aussi avec des fraises)
- Le jus de 1/2 citron
- 4 cc rases de sucre en poudre
- 175 g de brioche (sans croûte)
- 300 ml d'eau
- 2 cc d'alcool (poire ou kirsch)

Crème pâtissière :

- 1/2 l de lait écrémé
- 8 cc rases de maïzena
- 6 jaunes d'œufs
- 16 cc rases de sucre en poudre
- 2 cc d'alcool (kirsch ou alcool de poire)

Les portions pour 1 personne

1
2
3

Flan à la noix de coco

Préparation : 5 minutes

Cuisson : 15 minutes

Pour 4 personnes

Mettre les œufs dans un saladier, les battre avec le sucre et le lait. Ajouter la noix de coco. Mettre dans des ramequins individuels. Cuire 15 minutes position moyen au four à micro-ondes, en remuant à mi-cuisson. Servir froid.

Ingrédients :

- 240 g de lait concentré non sucré
- 25 cl de lait écrémé
- 3 œufs
- 16 cc de noix de coco râpée
- 4 cc de sucre

Les portions pour 1 personne

2 1/2 ●

6 ●

Flan à la noix de coco

Gâteau de la fête des mères

Gâteau de la fête des mères

Préparation : 1 heure

Cuisson : 12 minutes + 3 minutes

Pour 8 personnes

Prendre 2 saladiers : dans l'un, mettre les 5 blancs avec 1 pincée de sel pour les battre en neige, dans l'autre, mettre 4 jaunes, réserver le 5e pour la crème. Ajouter aux jaunes le yaourt, la vanille, l'édulcorant. Battre le mélange au fouet puis incorporer la farine en pluie et la levure. Incorporer délicatement les blancs en neige à ce mélange. Verser la pâte dans 2 moules antiadhésifs margarinés et farinés d'environ 24 cm de diamètre. Faire cuire 12 minutes th. 5 (170 °C). Pendant la cuisson des biscuits, préparer la crème dans une casserole. Chauffer 50 cl de lait avec la vanille en poudre. Dans un saladier, mélanger l'œuf, le jaune et l'édulcorant à l'aide d'une cuillère en bois, incorporer la maïzena. Bien mélanger afin d'obtenir une pâte lisse. Verser le lait bouillant sur ce mélange sans cesser de remuer, puis remettre sur le feu. Laisser épaissir, arrêter la cuisson, mettre à refroidir. Eplucher les fruits, couper la poire et la banane en tranches et les réserver dans le jus de citron. Couper tous les autres fruits en lamelles d'environ 2 mm d'épaisseur. Réserver.

Suite p. 152

Ingrédients :

Biscuits :
- 4 œufs + 1 blanc
- 4 CS d'édulcorant (cuisson)
- 1 cc de vanille en poudre
- 1/2 cc de vanille en poudre
- 1/2 cc de levure chimique
- 1 yaourt goût bulgare
- 120 g de farine

Crème :
- 50 cl de lait écrémé
- Vanille en poudre
- 1 œuf + le jaune restant
- 25 g de maïzena
- 2 CS d'édulcorant

Garniture :
- 300 g de fraises
- 150 g d'orange
- 12,5 cl de jus d'orange
- 150 g de poire
- 220 g de kiwis
- 200 g de banane
- 2 jus de citrons

Gâteau de la fête des mères
(suite)

Garniture :

Piquer à l'aide d'un couteau pointu les 2 gâteaux afin de faire pénétrer le jus d'orange pour bien imbiber. Mettre le premier gâteau sur un plat à tarte, l'imbiber avec la moitié du jus d'orange, verser la moitié de la crème dessus, puis mettre le quart des morceaux de fruits sur cette crème (prendre les morceaux les moins présentables). Prendre le deuxième gâteau face extérieure tournée contre le mélange précédent afin que le dessus du gâteau soit plat (l'imbiber avec le reste du jus). Napper du zeste de la crème le dessus et le tour, puis répartir les fruits en les faisant chevaucher avec les couleurs. Appliquer sur le tour du gâteau kiwis et fraises en rondelles en les intercalant. Réserver au frais sous film étirable si la préparation se fait la veille.

Les portions
pour 1 personne

1 1/2 🟢 dont *1/2*
1 1/2 🟡
1 ❤

Glace à l'italienne express

Préparation : 5 minutes

Pour 1 personne

Faire congeler le fruit épluché puis coupé en tout petits morceaux. Mettre ces morceaux congelés dans le bol du mixeur avec le lait très froid. Mixer pour obtenir une crème à consommer de suite (comme les gelati des machines italiennes).

Ingrédients :

- 40 g de lait concentré demi-écrémé non sucré
- 200 g de fruits (poire, pêche, framboise...)
- Edulcorant (si désiré)
- 1 mixeur qui broie les glaçons

Les portions pour 1 personne

1

Gâteau végétarien

Gâteau végétarien

Préparation : 20 minutes

Cuisson : 45 minutes

Pour 10 personnes

Dans un saladier, mélanger : farine, fructose, édulcorant, sel, épices, levure. Ajouter alors le lait, l'huile et les œufs. Mélanger le tout jusqu'à obtenir une pâte homogène. Faire gonfler les abricots secs (coupés en petits morceaux) et les raisins au micro-ondes pendant 1 minute avec 1 cuillère à soupe d'eau, puis les mélanger avec les carottes râpées. Incorporer le mélange carottes-fruits au mélange précédent. Margariner un moule à manqué, verser la pâte puis parsemer des noix hachées en les enfonçant légèrement avec le doigt. Cuire à four moyen th. 5 (170 °C) pendant 45 minutes. Peut se conserver plusieurs jours.

Ingrédients :

- 480 g de carottes râpées
- 30 g d'abricots secs
- 30 g de raisins secs
- 12,5 cl de lait écrémé
- 9 cc d'huile végétale
- 120 g de farine complète
- 1 sachet de levure chimique
- 6 cc de fructose
- 10 cc d'édulcorant (cuisson)
- 1 pincée de sel
- 1/2 cc de poudre de gingembre
- Quelques noix de muscade râpées
- 5 œufs
- 20 g de noix hachées grossièrement
- 1 cc de margarine

Les portions pour 1 personne

1 (vert) dont *1/2*

2 (orange) dont 1 MG

1 (rouge)

Madeleines (petits gâteaux)

Préparation : 15 minutes
Cuisson : 15 minutes
Pour 32 madeleines

Dans un récipient, mélanger les œufs et le blanc avec l'édulcorant, y ajouter la margarine préalablement ramollie puis le lait tiède. Mélanger la levure à la farine, tamiser ainsi que la vanille en poudre puis verser sur le mélange précédent. Fouetter. A l'aide d'une cuillère, remplir des moules à madeleines antiadhésifs. Mettre à cuire les madeleines au four th. 8 (250 °C) pendant 3 minutes, puis baisser le thermostat à 6 (180 °C) pendant 10 minutes pour finir la cuisson. Sortir et démouler. Se conservent plusieurs jours dans une boîte hermétique ou se congèlent après cuisson.

Ingrédients :

- 2 œufs + 1 blanc
- 3 CS d'édulcorant (cuisson)
- 9 cc de margarine
- 100 g de farine tamisée
- 1 sachet de levure chimique
- 1 pincée de vanille en poudre
- 25 cl de lait écrémé tiède
- 10 g de poudre d'amandes (facultatifs)

Les portions pour 1 personne (4 madeleines)

2 ● dont 1 MG
1/2 ●

Méli-mélo de semoules aux fruits

Préparation : 10 minutes

Cuisson : 25 minutes

Pour 4 personnes

Faire chauffer le lait avec la vanille et la pincée de sel, porter à ébullition puis verser les semoules et le tapioca. Remuer avec une cuillère en bois pendant 5 minutes. Retirer du feu. Ajouter alors les raisins secs et l'édulcorant. Séparer les jaunes des blancs d'œufs. Battre les blancs en neige et incorporer les jaunes au mélange des semoules. Au dernier moment, incorporer les blancs délicatement puis verser le mélange dans un moule en Pyrex. Enfoncer les abricots dénoyautés et coupés en morceaux. Cuire environ 25 minutes au four th. 5-6 (200 °C). Peut se manger tiède.

Ingrédients :

- 1 litre de lait écrémé
- 1 pincée de sel
- 1/2 cc de vanille en poudre
- 40 g de semoule fine de blé
- 40 g de semoule de couscous moyen
- 20 g de tapioca ou perle du Japon
- 2 œufs
- 2 CS d'édulcorant
- 40 g de raisins secs
- 260 g d'abricots frais

Les portions pour 1 personne

(vert) dont *1/2*

2 (orange)

1/2 (rouge)

Gaufres

Gaufres

Repos : 2 à 3 heures - Préparation : 10 minutes

Cuisson : 5 minutes

Pour 4 personnes (16 gaufres environ)

Mélanger farine, sel, levure, jaunes d'œufs, huile et ajouter le lait tiédi petit à petit. Laisser reposer 2 à 3 heures. Battre les blancs en neige et les ajouter à la pâte au dernier moment. Cuire les gaufres.

Ingrédients :

- 160 g de farine
- 1 sachet de levure de boulanger
- 4 œufs (blancs et jaunes séparés)
- 20 cl de lait tiède demi-écrémé
- 4 cc d'huile
- 1 pincée de sel

Les portions pour 1 personne

3 (jaune) dont 1 MG

1 (rouge)

Poêlée d'ananas au miel

Préparation : 10 minutes

Cuisson : 15 minutes

Pour 4 personnes

Couper l'ananas en 4 ou 8 tranches fines. Les déposer dans une poêle antiadhésive. La mettre sur le feu avec le miel et les épices. Faire cuire en arrosant souvent avec le jus pendant 15 minutes. Pendant ce temps, laver les fraises et les égoutter. Dresser chaque assiette de service avec les tranches d'ananas ; les garnir d'une grosse boule de fromage blanc. Napper avec le sirop de cuisson. Décorer d'une fraise et servir.

Ingrédients :

- 1 petit ananas (600 g)
- 4 cc de miel liquide
- 1 bonne pincée de cannelle
- 1 pincée de noix de muscade
- 200 g de fromage blanc à la faisselle à 20 % de MG
- 4 fraises pour le décor

Les portions pour 1 personne

- ●
- 1/2 ●
- 1 ●

Gâteau au fromage blanc

Préparation : 20 minutes
Cuisson : 35 minutes
Pour 4 personnes

Allumer le four th. 6 (200 °C). Tartiner de margarine le fond et les parois d'un moule à soufflé en porcelaine à feu de 16 cm de diamètre. Mettre le fromage dans une terrine, ajouter la moitié du sucre et la fécule et mélanger 1 minute avec une spatule. Casser les œufs en séparant les blancs des jaunes. Mettre les jaunes dans la terrine et les blancs dans un saladier. Les poudrer de sel. Laver le citron, l'éponger et râper finement la moitié de son zeste au-dessus de la terrine. Couper le citron en deux, le presser et verser 1 cuillère à café de jus dans la terrine. Mélanger 1 minute. Battre les blancs en neige ferme, incorporer le reste de sucre et continuer de fouetter jusqu'à ce qu'ils soient lisses et brillants, meringués. Les incorporer au contenu de la terrine, en trois fois, à la spatule, délicatement en soulevant la masse. Verser la préparation dans le moule et glisser au four. Laisser cuire 30 à 35 minutes, jusqu'à ce qu'il soit bien gonflé et que la pointe d'un couteau piquée en son centre en ressorte sèche. A sa sortie du four, laisser le gâteau reposer 5 minutes, puis le démouler sur une grande assiette plate humide et le laisser refroidir. Le retourner sur un plat de service : sa surface est très lisse et très brillante. Servir le gâteau à température ambiante ou réfrigéré : il est encore délicieux deux à trois jours après sa confection.

Ingrédients :

- 200 g de fromage blanc battu à 20 % de MG
- 8 cc de sucre semoule
- 10 cc rases de maïzena
- 2 œufs
- 1 citron non traité
- 1 pincée de sel

Pour le moule :

- 1/2 cc de margarine

Les portions pour 1 personne

1 1/2

2

Ananas mystère

Préparation : 10 minutes

Freezer : 2 heures - Cuisson : 5 minutes

Pour 4 personnes

Dans le bol du mixeur, déposer les morceaux d'ananas, le sucre en poudre et la fécule de maïs délayée dans le jus d'ananas. Réduire en purée. Verser cette purée d'ananas dans une casserole. Porter doucement à ébullition et, sans cesser de remuer, laisser cuire pendant 3 à 4 minutes, jusqu'à ce que cette préparation épaississe. Hors du feu, ajouter la noix de coco râpée. Laisser tiédir. Faire couler un peu de cette purée d'ananas dans 4 verres sans pied, au fond légèrement arrondi. Déposer un petit-suisse bien droit. Recouvrir avec le reste de purée d'ananas. Laisser prendre dans le freezer pendant 2 heures. Démouler sur de petites assiettes à dessert et servir aussitôt.

Ingrédients :

- 500 g d'ananas en morceaux, en conserve, au naturel, égouttés
- 2 cc rases de sucre en poudre
- 2 cc rases de fécule de maïs
- 12,5 cl de jus d'ananas
- 240 g de petits-suisses à 40 % de MG (4 petits-suisses de 60 g chacun)
- 3 CS rases de noix de coco râpée

Les portions pour 1 personne

- vert :
- orange : 1
- rouge : 4

Gâteau léger aux fraises et aux kiwis

Préparation : 20 minutes
Cuisson : 25 minutes
Pour 4 personnes

Préchauffer le four th. 6-7 (210 °C). Mélanger à l'aide d'un batteur électrique : œuf, yaourt, sucre, zeste de citron puis la farine et la levure. Enduire de margarine un moule à manqué (rond) de 18 cm de diamètre. Y verser la préparation et cuire 20 minutes dans le four chaud. Démouler sur un plat de service rond. Laver et équeuter les fraises, réserver la plus grosse. Peler les kiwis et les couper en tranches ; en partant du centre du gâteau, en décorer le dessus. Placer au centre la plus grosse fraise et disposer les autres, coupées en deux, autour du gâteau. Faire chauffer la gelée de citron avec le kirsch et mélanger pour liquéfier. Badigeonner les tranches de kiwi de ce sirop. Laisser refroidir.

Ingrédients :

- 1 œuf
- 1 yaourt goût bulgare
- 8 cc rases des sucre en poudre
- Le zeste d'un petit citron
- 80 g de farine
- 1 cc rase de levure en poudre
- 1 cc rase de margarine végétale
- 300 g de fraises
- 2 kiwis
- 4 cc rases de gelée diététique de citron
- 1 cc de kirsch

Les portions pour 1 personne

- (vert) :
- (orange) : 1
- (rouge) : 3

Confiture de cerises

Confiture de cerises

Préparation : 5 minutes
Cuisson : 1 heure sans surveillance
Pour 4 personnes

Eplucher les poires et les mixer. Laisser les cerises entières. Mélanger cerises, purées de poires, sucre et vanille. Mettre le tout dans une petite casserole et couvrir. Laisser cuire à petite ébullition pour que les cerises éclatent. Lorsque le jus est complètement évaporé et proche de la caramélisation, arrêter la cuisson. Le temps de cuisson indiqué (1 heure) peut varier en fonction de la qualité des fruits.

A manger au petit-déjeuner ou avec du fromage blanc.

On pourra créer d'autres confitures en mélangeant les poires comices avec des fruits rouges : fraises, framboises, mûres.

Ingrédients :

- 500 g de poires comices très mûres
- 550 g de cerises sucrées
- 2 cc de sucre
- 5 cm de vanille en bâton

Les portions pour 1 personne

1 (vert)
1/2 (rouge)

Milk-shake minceur à la banane

Préparation : 5 minutes

Pour 2 verres

Introduire dans le bol du mixeur : banane coupée en morceaux, fromage blanc, lait écrémé, quelques gouttes d'extrait de vanille et glaçon. Broyer puis mélanger quelques instants à petite vitesse, afin que l'ensemble soit légèrement mousseux. Verser dans 2 grands verres à orangeade.
Servir avec une paille.

A partir de ce milk-shake « mini-calorie », sans sucre ni matières grasses, vous avez toujours la possibilité de l'améliorer selon vos goûts. Toutefois, goûtez-le tel quel. Il est très bon et c'est un merveilleux coupe-faim !

Ingrédients :

- 1 banane (100 g)
- 100 g de fromage blanc à 10 % de MG
- 25 cl de lait écrémé
- Extrait de vanille
- 1 glaçon

Les portions pour 1 personne

1

Mousse à la poire et à l'ananas

Préparation : 10 minutes

Pour 4 personnes

Mettre la boîte de lait concentré au freezer afin qu'il soit bien glacé. Peler les fruits. Couper leur chair en morceaux et mixer. Ajouter la vanille et le sucre. Verser le lait concentré glacé dans un saladier et le fouetter au batteur électrique pour obtenir une mousse blanche. Lorsqu'elle s'affermit, l'incorporer délicatement à la purée de fruits. Répartir dans des coupes ou des verres à pied. Servir très frais.

Ingrédients :

- 160 g de lait concentré demi-écrémé non sucré
- 200 g de petites poires
- 200 g d'ananas moyen
- 2 pincées de vanille en poudre
- 4 cc rases de sucre en poudre

Les portions pour 1 personne

1

1

Le « Parodien »

Préparation : 20 minutes
Cuisson : 45 minutes
Pour 8 personnes

Éplucher puis couper en lamelles fines les fruits, les réserver. Dans un saladier, mettre le yaourt, les jaunes d'œufs, l'édulcorant et le lait concentré. Mélanger le tout à l'aide d'un fouet. Incorporer la poudre d'amandes à la farine, puis les ajouter en pluie sur le mélange précédent sans cesser de fouetter. Monter les blancs en neige ferme. Prendre un moule à manqué d'environ 26 à 28 cm de diamètre. Tapisser le fond avec un papier sulfurisé, puis margariner et fariner tout le moule. Incorporer la moitié des blancs en neige au mélange à l'aide d'une spatule, puis ajouter les fruits coupés en lamelles tout en continuant de le soulever délicatement. Terminer avec l'autre moitié des blancs. Garnir le moule, faire cuire 45 minutes th. 5 (170 °C). Attendre quelques minutes au sortir du four avant de démouler. Napper avec la sauce chocolat (faire bouillir la crème puis la mélanger au chocolat fondu).

Ingrédients :

- 1 yaourt nature
- 4 œufs
- 4 CS de lait concentré demi-écrémé non sucré
- 4 CS d'édulcorant (cuisson)
- 80 g de farine
- 40 g de poudre d'amandes
- 800 g de fruits (200 g de poires + 200 g de pommes + 400 g de bananes)

Nappage :

- 60 g de chocolat noir
- 16 cc de crème liquide allégée

Les portions pour 1 personne

🟢
1 1/2 🟡
1 1/2 🔴
1 ❤

Le « Parodien »

Abricotier

Préparation : 20 minutes
Cuisson : 25 minutes
Pour 8 personnes

Préchauffer le four th. 6 (180 °C). Dans un saladier, mettre le yaourt et les jaunes d'œufs, fouetter afin d'obtenir un mélange mousseux. Diluer les sucres dans 2 cuillères à soupe d'eau tiède puis les ajouter au mélange. Incorporer la farine en pluie petit à petit. Dans un autre saladier, mettre les 5 blancs d'œufs avec une pincée de sel, les monter en neige puis les incorporer délicatement au premier mélange. Couper chaque abricot en huit. Margariner un moule à tarte de 30 cm de diamètre. Verser la pâte, enfouir les lamelles d'abricots en formant une rosace. Terminer en saupoudrant avec le sucre vanillé. Enfourner pour 25 minutes.

Ingrédients :

- 1 yaourt goût bulgare
- 80 g de farine
- 4 œufs
- 1 blanc d'œuf
- 16 abricots
- 8 sucres aspartame
- 1 1/2 cc de sucre vanillé
- 1 cc de margarine

Les portions pour 1 personne

●
1 ●
1/2 ●

Index

Index

Les meilleures recettes Weight Watchers

Stylisme photos et réalisation culinaire : Nathalie Daunay.
Photos : Philippe Exbrayat, Clichy.
Réalisation : Générale Graphique, 5263.
Shopping : Villeroy et Boch, 21 rue Royale 75008 Paris
Tél. : 01 42 65 81 84

Nous remercions les animatrices Weight Watchers
pour leur participation **à l'élaboration des recettes
de cet ouvrage**.

Vous désirez des conseils,
vous souhaitez en savoir plus sur l'**Équilibre Alimentaire**,
vous voulez **poursuivre votre amincissement**
et apprendre à **stabiliser votre poids,**
vous cherchez l'adresse du centre Weight Watchers
le plus proche :
Téléphoner au 0 803 305 305
ou composez le 3615 WW
sur votre minitel (1,29 F/mn).

I.S.B.N. : 2-905275-41-3
Dépôt légal : 1er trimestre 1998.